EVANGELISCHE VERLAGSANSTALT

Leipzig

FORUM

Theologische Literaturzeitung

ThLZ.F 1 [1999]

Herausgegeben von Hans Weder

in Verbindung mit Christian Grethlein, Traugott Holtz,
Jörg Jeremias, Ulrich Kühn, Kurt Nowak, Martin Petzoldt,
Reinhart Staats, Theo Sundermeier und Eberhard Winkler

Jürgen Audretsch ❋ Hans Weder

mit einem Kommentar von Markus Huppenbauer

Kosmologie und Kreativität

Theologie und

Naturwissenschaft

im Dialog

EVANGELISCHE VERLAGSANSTALT

Leipzig

Die Deutsche Bibliothek – CIP-Einheitsaufnahme

Forum Theologische Literaturzeitung : ThLZ.F – Leipzig :
Evang. Verl.-Anst.

Bd. 1. Kosmologie und Kreativität. – 1999

Kosmologie und Kreativität : Theologie und Naturwissenschaft im
Dialog / Jürgen Audretsch ; Hans Weder. Mit einem Kommentar von
Makus Huppenbauer. – Leipzig : Evang. Verl.-Anst., 1999
   (Forum Theologische Literaturzeitung ; Bd. 1)
   ISBN 3-374-01714-2

ISBN 3-374-01714-2

Editorial

1876 entstand in Leipzig auf Initiative Emil Schürers und unter Mitwirkung Adolf von Harnacks die „Theologische Literaturzeitung". Sie war ein Organ zur Mitgestaltung von Wissenschaft und Kirche auf dem Boden einer richtungsoffenen Theologie. Als Harnack 1881 die Schriftleitung übernahm, trat die Verbindung von historisch-kritischem Ethos und theologischem Interesse für die Gegenwart nochmals markant hervor – eine Verbindung, die von Anfang an charakteristisch war für die Theologische Literaturzeitung. Ein Blatt für Antiquare war diese Zeitschrift nie, so sehr sie in der Blütezeit des Historismus wie auch später die historische Welt des Christentums und der Religionen pflegte.

Unter den fundamental sich ändernden Bedingungen der gegenwärtigen Gesellschaft und Kultur ist klare theologische Mitsprache gefordert. Durch ihr Profil als Rezensionsorgan sind der „Theologischen Literaturzeitung" hierbei wichtige Aufgaben zugewiesen, indes auch Grenzen gesetzt. Die Grenzen werden um so fühlbarer, je mehr die Zeitschrift angesichts der überquellenden Fülle von Neuerscheinungen vorrangig dem Rezensionswesen Raum geben muß und möchte.

Um die Tradition der „Theologischen Literaturzeitung" im Bereich der Sach- und Überblicksartikel sowie der Forschungsberichte weiterzuführen und auszubauen, vor allem aber um ein Forum zu schaffen, auf dem sich die Theologie kontinuierlich ihres Standorts in Wissenschaft, Kirche und Gesellschaft vergewissert, haben sich die Herausgeber der „Theologischen Literaturzeitung" zur Gründung dieser Publikationsreihe entschlossen. Das „Forum Theologische Literaturzeitung" möchte sowohl zur weiteren Vertiefung der theologischen Urteilsbildung als auch zur kulturellen Selbstreflexion beitragen.

In den Wandlungsprozessen von Kultur und Gesellschaft steht der christliche Glaube vor Anforderungen, die das Selbstverständnis und die Grundlagen der theologischen Arbeit berühren. Welche Bedeutung besitzt theologische Reflexion für gegenwärtiges menschliches Dasein und menschliche Tätigkeit in ihren verschiedenen Aspekten? Theologie – wissenschaftliches Nachdenken über den christlichen Glauben – ist einerseits Dienst an der Kirche und ihrer Verkündigung. Andererseits ist sie zur Deutung und kritischen Verarbeitung von kulturellen und gesellschaftlichen Tendenzen gerufen. Da das Evangelium den Menschen in all seinen Lebensbezügen betrifft, kann Theologie ihr Verhältnis zur Lebenswelt nicht eingeengt verstehen. Theologie ist darum weder bloße kirchliche Anwendungswissenschaft noch unverbindliche Kulturwissenschaft. Vielmehr hat sie die Aufgabe, Überlegungen und Fragen der Gegenwart aufzugreifen und theologisch zu bearbeiten. Gleichzeitig ist sie gehalten, den Ertrag ihres Denkens in andere Bereiche unserer Kultur zu vermitteln. Dieser Beziehung zwischen Innen und Außen der Theologie gilt die besondere Aufmerksamkeit des „Forums".

Das „Forum Theologische Literaturzeitung" will durch jährlich ein bis zwei Veröffentlichungen helfen, mit den Phänomenen unserer Lebenswelt theologisch sachgemäß umzugehen. Es bietet die Möglichkeit, die kirchen- und kulturpraktischen Dimensionen der Theologie – in Berücksichtigung ihres gesamten Fächerkanons und im Anschluß an den Aufsatzteil der „Theologischen Literaturzeitung" – intensiver sowie ausführlicher in Augenschein zu nehmen. Auf knappe und konzise Texte wird besonderer Wert gelegt, so daß die Veröffentlichungen den Umfang von etwa 100 Seiten nicht überschreiten sollen.

Für das Herausgeberkollegium:
Hans Weder, Hauptherausgeber

Inhalt

Vorwort

Der erste Band der Reihe Forum Theologische Literaturzeitung greift ein Diskussionsthema auf, dem man künftig noch größere Bedeutung wünscht: die Zusammenarbeit von Theologie und Naturwissenschaft. Die Naturwissenschaften sind in der Neuzeit zu einem bedeutenden kulturellen Faktor geworden. Ihre Denkweise prägt den Zugang zu Welt und Mensch, nicht nur in ethischer, sondern auch in erkenntnistheoretischer Hinsicht. Problematisch ist allerdings, daß diese Prägung von den meisten Menschen nicht reflektiert wird. Daran mag der Umgang mit naturwissenschaftlichen Fächern in den Schulen nicht schuldlos sein, geht es hier doch in überwiegendem Maße um bloße Anwendung naturwissenschaftlicher Denkweisen und um das Erlernen ihrer Ergebnisse. Eine erkenntnistheoretische Grundlagenreflexion findet sich kaum in den Lehrplänen, ganz zu schweigen von einer Problematisierung des naturwissenschaftlichen Weltzugangs.

Weil die Grundlagenreflexion zu wenig stattfindet, entspricht das naturwissenschaftliche Weltbild der meisten Menschen nicht dem aktuellen Stand der Wissenschaft, sondern ist irgendwo im Bereich des ausgehenden 19. Jahrhunderts stehengeblieben: bei der Vorstellung, das Universum sei ein riesiges, gesetzmäßig ablaufendes Uhrwerk. Das mechanistische Weltbild in seinem anachronistischen und für größere Zusammenhänge unbrauchbaren Zuschnitt macht es sehr schwer oder gar unmöglich, das Wort Gott mit Blick auf die Welt sinnvoll zu gebrauchen. Daraus ergibt sich mit beinahe unvermeidlicher Konsequenz der Rückzug religiöser Kultur in die Privatsphäre des Individuums, in den Therapie- und Freizeitbereich, wo weitgehend Beliebigkeit vorherrscht. Was die Religion, namentlich der christliche Glaube, über die Welt sagt, wird nicht mehr als Sachaussage begriffen, sondern im besten Fall als eine objektiv codierte Äußerung über innere Befindlichkeiten des Menschen.

So sehr von religiösen Aussagen gelten muß, daß sie einen unverzichtbaren existentiellen Bezug haben, so sehr gilt zugleich, daß ein wesentliches Stück religiöser Kultur verloren geht, wenn die Aussagen des Glaubens nicht mehr sachlich und wissenschaftlich beim Wort genommen werden können. Die Theologie, sofern sie sich als wissenschaftliches Nachdenken über den Glauben versteht, nimmt den Glauben auch sachlich beim Wort – vor allem, wo er über die Welt und den Menschen spricht. Kosmologische und anthropologische Aussagen des Glaubens verlangen, wenn sie wissenschaftlich ernst genommen werden sollen, eine theologische Auseinandersetzung mit den Naturwissenschaften, namentlich mit der Physik und der Biologie, die gegenwärtig den wichtigsten naturwissenschaftlichen Zugang zur Kosmologie und Anthropologie darstellen. Die Theologie ist deshalb vital am Dialog mit den Naturwissenschaften interessiert.

Die genannte naturwissenschaftliche Prägung der Weltwahrnehmung wird unterstützt durch die Ausweitung der Technologie, die den menschlichen Alltag je länger je mehr durchdringt. Die große Dynamik, die das technologische Können entwickelt, verstärkt das Vertrauen in naturwissenschaftliche Denkweisen ständig. Dieses Vertrauen ist zwar in mancherlei Hinsicht gerechtfertigt. Von der Dynamik des Könnens geht aber ein nicht unproblematischer Sog aus: Sie verführt nicht selten zu einer Mentalität der Verfügbarkeit und Machbarkeit im Blick auf die Einstellung zum Leben. Eine solche Mentalität kann angesichts der offenkundigen Unverfügbarkeit elementarer Lebensvorgänge nur enttäuscht werden.

Fast könnte man jenes Vertrauen in die naturwissenschaftliche Beherrschung der Welt blind nennen, weil es eine bestimmte Perspektive, die naturwissenschaftlich-technologische, für das Ganze hält. Im Interesse eines Zugangs zum Leben, der nicht durch unzulässige Reduktion von Komplexität gekennzeichnet ist, kann ein Dialog mit der Theologie auch für die Naturwissenschaften interessant sein. Naturwissenschaftliches Denken reflektiert ja ausdrücklich den sektoriellen Charakter der eigenen Wahrnehmung von Wirklichkeit. Ein mehrdimensionaler Zugang zur Wirklichkeit, wie er in solchen Dialogen entsteht, geschieht also auch im Interesse der naturwissenschaftlichen Selbstreflexion. Ein solcher Dialog verspricht einerseits, daß den erwähnten Enttäuschungen vorgebeugt werden kann, und andererseits, daß die naturwissenschaftlich geprägte Perspektive eine Ausweitung und Bereicherung erfährt.

Nachdem spätestens in der zweiten Hälfte des 19. Jahrhunderts Naturwissenschaften und Theologie einander über weite Strecken feindselig gegenüberstanden und deshalb ein Dialog unmöglich war, in der ersten Hälfte des 20. Jahrhunderts die Arbeitsfelder als völlig getrennt verstanden wurden und die angenommene Beziehungslosigkeit einen Dialog überflüssig erscheinen ließ, entstand in den letzten Jahrzehnten eine neue Situation. In der Theologie begann man sich für den naturwissenschaftlichen Zugang zur Welt zu interessieren, weil man die Engführungen eines individualistischen hermeneutischen Modells erkannt hatte und zu überwinden hoffte.[1] Auch wenn die Auseinandersetzung mit den Naturwissenschaften nicht zu verwechseln ist mit natürlicher Theologie, ist dennoch nicht zu verkennen, daß in der Theologie das Problem der natürlichen Gotteserkenntnis wieder unbefangener diskutiert und als ein zumindest hermeneutisch zentrales Thema eingeschätzt wird, nachdem es durch die Dialektische Theologie – aus historisch be-

---

1) Als Beispiel sei Gerhard Ebelings Dogmatik des christlichen Glaubens genannt, wo u. a. ausführlich auf den Lebensbegriff rekurriert und in diesem Zusammenhang andererseits festgehalten wird, daß der Theologe – ohne einem „Biologismus zu verfallen" – „Verständnis und Geduld dafür aufbringen [muß], auf universale Zusammenhänge zu achten, wie dies der Naturwissenschaftler auf seine allerdings vielleicht einseitige Weise tut." (G. Ebeling, Dogmatik des christlichen Glaubens, Bd. I, Prolegomena. Erster Teil: Der Glaube an Gott den Schöpfer der Welt, Tübingen [3]1989, 93 f.) Im Zusammenhang mit der Schöpfungslehre wird ausdrücklich auf das Verhältnis von naturwissenschaftlicher Kosmologie und Schöpfungsglauben eingegangen (Ebeling, Dogmatik I, 302-304). Dazu auch: W. Pannenberg, Systematische Theologie, Bd. II, Göttingen 1991, 79-138; ders., Das Wirken Gottes und die Dynamik des Naturgeschehens, in: W. Gräb (Hrsg.), Urknall oder Schöpfung? Zum Dialog von Naturwissenschaft und Theologie, Gütersloh 1995, 139-152: „Die Theologie muß darum den Versuch machen, ihre Aussagen über die Welt als Schöpfung und über die Angewiesenheit der Geschöpfe auf Gottes erhaltendes Wirken, sowie auf seine Mitwirkung in allem geschöpflichen Geschehen, auf die naturwissenschaftliche Weltbeschreibung zu beziehen." (139); ders., Theologie der Schöpfung und Naturwissenschaft, in: J. Dorschner/M. Heller/ders., Mensch und Universum. Naturwissenschaft und Schöpfungsglaube im Dialog, Regensburg 1995, 146-162: „Christliche Theologie darf sich also trotz aller damit verbundenen Schwierigkeiten nicht der Aufgabe entziehen, dieselbe Welt, die Gegenstand naturwissenschaftlicher Beschreibungen ist, als Schöpfung Gottes nicht nur zu behaupten, sondern verständlich zu machen." (147); Chr. Link, Die Welt als Gleichnis. Studien zum Problem der natürlichen Theologie, München 1976 (BEvTh 73), 74 f.: „Denkend läßt sich der Glaube schließlich nur dann verantworten, wenn man sich der Frage nach der Wirklichkeit Gottes auch auf der Ebene stellt und sie dort zu beantworten sucht, wo die auf Beobachtung und Erfahrung sich gründende Wissenschaft zur Stellungnahme herausgefordert ist und an der theologisch verantworteten Wahrheit nicht

greiflichen Gründen, gleichwohl in nicht sachdienlicher Weise – tabuisiert worden war. Ein Nachdenken über natürliche Gotteserkenntnis führt die Theologie von selbst dorthin, wo aus dem Buch der Natur gelesen wird – also zu den Arbeitsfeldern, die diese Lektüre professionell pflegen: zu den Naturwissenschaften. All das schafft in der Theologie günstige Voraussetzungen für einen interessierten Umgang mit diesen Wissenschaften. Für die deutschsprachige Theologie ist diese Situation relativ neu, während in der angelsächsischen Welt ein sehr viel unbefangeneres Umgehen mit naturwissenschaftlichen Erkenntnissen schon längst an der Tagesordnung war.[2]

Aber auch seitens der Naturwissenschaft sind die Voraussetzungen zum Dialog besser geworden. Von einem szientistischen Totalitätsanspruch ist man heute weiter denn je entfernt, jedenfalls auf derjenigen Ebene, auf der eine angemessene philosophische und erkenntnistheoretische Selbstreflexion getrieben wird. Dazu kommt, daß das Interesse an interdisziplinärer Arbeit erheblich gestiegen ist, vorab bei jüngeren Vertretern der Naturwissenschaft. Die Naturwissenschaften stoßen immer

---

vorbeigehen kann. Das geschieht aber noch nicht, solange man Gott an einer von der wissenschaftlichen Erkenntnis ausgesparten oder freigelassenen Stelle seinen Ort zuzuweisen versucht, sondern erst dann, wenn man ihn der wissenschaftlichen Erkenntnis gleichsam zurückgibt."; J. Hübner, Die Welt als Gottes Schöpfung ehren. Zum Verhältnis von Theologie und Naturwissenschaft heute, München 1982 (KT 72), 9-28; ders., Theologie und biologische Entwicklungslehre, München 1966, 225-242.306-318; ders., Die Wirklichkeit der Natur im Streit zwischen Religion und Naturwissenschaft, in: Gräb, Urknall oder Schöpfung?, 89-138. Viele Hinweise zum Thema verdanke ich meiner Assistentin Pascale Rondez, VDM.

2) Als Beispiele seien etwa die Arbeiten des Physikers und Theologen Sir John C. Polkinghorne genannt: The Particle Play. An account of the ultimate constituents of matter, Oxford-San Francisco 1979; One world. The Interaction of Science and Theology, London 1986; Science and Creation. The Search for Understanding, London 1988; Reason and Reality. The Relationship between Science and Theology, Philadelphia 1991; The Faith of a Physicist. Reflections of a Bottom-Up Thinker, Princeton-New Jersey 1994 (The Gifford lectures for 1993-4); Quarks, Chaos & Christianity. Questions to Science and Religion, New York 1996; Belief in God in an Age of Science, New Haven-London 1998 (The Terry lectures). Seitens der Theologie sind etwa die Arbeiten des systematischen Theologen I.G. Barbour zu erwähnen: Myths, Models and Paradigms, New York 1974; Religion and Science. Historical and contemporary issues, San Francisco 1997 (A rev. and expanded ed. of Religion in an Age of Science).

häufiger auf Fragen, die, wenn sie nicht einfach ausgeklammert werden sollen, in philosophische und theologische Grenzbereiche führen. Für eine naturwissenschaftlich-theologische Arbeit an solchen Fragenstellungen besteht, wenn ich recht sehe, auf beiden Seiten wachsendes Interesse. Zur neuen Situation gehört eine Merkwürdigkeit, die sorgfältig bedacht werden muß. Unübersehbar ist die große Zahl populärwissenschaftlicher Bücher zu religiösen und theologischen Themen, die in den letzten Jahrzehnten auf dem Büchermarkt erschienen und zum Teil sogar zu Bestsellern geworden sind. Die naturwissenschaftliche Zuwendung zu religiösen und theologischen Fragen beginnt beinahe allzu intensiv zu werden. Manche Autoren versteigen sich zur These, die wahren Antworten auf die religiösen Fragen seien naturwissenschaftlich zu geben, beziehungsweise die Theologie müsse zur Naturwissenschaft werden, wenn sie tragfähige Aussagen zur Gottesfrage machen wolle.[3] Zu bemerken ist, daß solche Arbeiten nicht nur abenteuerliche und in einem unzulässigen Maß hypothetische naturwissenschaftliche Thesen vertreten, sondern daß sie auch eine philosophische und erst recht theologische Naivität an den Tag legen, die (nicht nur) für Theologen ärgerlich ist und zudem das interessierte Publikum in die Irre führt.

So sehr man feststellen muß, daß diese Entwicklung in wissenschaftlicher Hinsicht zu nichts führen wird, so sehr kann der publizistische Erfolg solcher Arbeiten als Indiz dafür gelten, daß die Öffentlichkeit, auch die naturwissenschaftlich interessierte Öffentlichkeit, ein großes Interesse zumindest an Überlegungen hat, welche die Grenzen der Naturwissenschaft in Richtung Theologie und Philosophie überschreiten. Dialog kann nun gewiß nicht heißen, daß sich die Naturwissenschaft in Theologie verwandelt oder umgekehrt. Dialog muß vielmehr heißen, daß dieselbe Wirklichkeit von verschiedenen Perspektiven aus bearbeitet wird, so daß es in diesem Verfahren zu einem Zusammenspiel mehrerer Disziplinen und so zu einer mehrdimensionalen Wahrnehmung der Wirklichkeit kommt.

---

3) Als Beispiele mögen die folgenden Arbeiten dienen: St. W. Hawking, A Brief History of Time. From the Big Bang to Black Holes, New York u. a. 1988, 129.143 f.149.154 f.176-179; J. F. Tipler, Die Physik der Unsterblichkeit. Moderne Kosmologie, Gott und die Auferstehung der Toten (aus dem Amerikanischen von I. Leipold et al.), München-Zürich 1994, 24-42.397-399.

Wenn nicht alles täuscht, steht der Dialog zwischen Naturwissenschaft und Theologie an der Schwelle zu einer großen Blütezeit. Und selbst wenn dies nicht zutreffen sollte, verlangt die gegenwärtige Konstellation eine sorgfältige theologische Reflexion der Möglichkeiten solcher Zusammenarbeit. In diesen Kontext stellt sich der vorliegende Versuch, Physik und Theologie anhand eines konkreten Themas ins Gespräch zu bringen: Sowohl der Physik als auch der Theologie wurde die Aufgabe gestellt, aus ihrer je eigenen Perspektive das Thema von Kosmologie und Kreativität zu beleuchten. Daß dabei von beiden Wissenschaften verlangt wird, gleichsam Fenster zum Gegenüber zu öffnen, ist selbstverständlich. Das bedeutet indessen nicht, daß die Beteiligten die Denkweise und Methode der eigenen Wissenschaft verlassen müssen, um dialogfähig zu werden. Die Dialogpartner, der Physiker Jürgen Audretsch und der Neutestamentler Hans Weder, sind seit Jahren in verschiedenen Zusammenhängen in dieser interdisziplinären Arbeit engagiert.

Die beiden ersten Teile des vorliegenden Bandes beinhalten je einen Aufsatz zu Kosmologie und Kreativität aus der Sicht der Physik bzw. der neutestamentlichen Theologie. Unter Kosmologie ist die Rede vom ganzen Universum zu verstehen, mit Kreativität ist die schöpferische Macht gemeint, die in der Religion als wichtigstes Wesensmerkmal Gottes gilt und die in der Lebenserfahrung wahrgenommen wird im Spiegel von Phänomenen wie Lebendigkeit, Aufbau von komplexen Strukturen, Vitalität.

Ein dritter Teil besteht in einem Dialog zu zentralen Fragen, welche die beiden Aufsätze aufwerfen; er ist aus der Perspektive eines Beobachters, des Theologen und Philosophen Markus Huppenbauer, verfaßt. Auf diese Weise soll der dialogische Charakter der Überlegungen kenntlich gemacht werden, ohne daß ein Pseudo-Dialog vorgeführt wird. Die Beiträge tragen fragmentarischen Charakter, indem sie versuchen, die grundsätzlichen Fragen nicht allgemein theoretisch anzugehen, sondern diese angesichts konkreter Probleme der Zusammenschau beider Perspektiven zu behandeln. Sie möchten die an dieser Arbeit Interessierten dazu einladen, den Dialog auf ihre je eigene, konkrete Weise weiterzuführen und so eine Kultur mehrdimensionaler Wahrnehmung der Wirklichkeit zu befördern.

Hans Weder   Zürich, im Januar 1999

Einleitung

Zur Bedeutung der Naturwissenschaft für die Theologie und Hermeneutik des Neuen Testaments

von Hans Weder

„Einen Standpunkt außerhalb Gottes aber kann es nicht geben, und von Gott läßt sich deshalb auch nicht in allgemeinen Sätzen, allgemeinen Wahrheiten reden, die wahr sind ohne Beziehung auf die konkrete, existentielle Situation des Redenden."[4] Eine neutestamentliche Hermeneutik, die diesen Grundsatz Rudolf Bultmanns vergäße, ginge gewaltig in die Irre. Wer von Gott reden will, muß vom Menschen reden, genauer: von dem Menschen, der an Gott glaubt, an ihm zweifelt, zu ihm betet, ihn anklagt, ihn herbeisehnt. Wo Gott zum Thema wird, ist eo ipso die existentielle Relation zu Gott Thema, und diese Relation gibt es nur in personaler Gestalt, in der Gestalt des Betroffenseins. Zur Theologie als Wissenschaft gehört deshalb die Einsicht, daß ihr Gegenstand in jedem Fall mit dem personalen Lebensvollzug des Menschen unauflöslich verbunden ist.

Zu den entscheidenden Charakteristika der Naturwissenschaften gehört es, daß sie von der Welt reden unter Absehung von menschlichen Subjekten. Was sie sagen, ist grundsätzlich intersubjektiv, und das bedeutet, daß das menschliche Subjekt dabei keine Rolle spielt. So sehr auch die Naturwissenschaften theoretisch davon ausgehen, daß es einen Standpunkt außerhalb des Universums nicht geben kann, so sehr objektivieren sie ihren Gegenstand dennoch. Ihre wissenschaftliche Bemühung läuft gerade auf die Ausklammerung aller personaler Betroffenheit hinaus. Wenn der Dialog mit der Naturwissenschaft für die Theologie heißen würde, daß diese ihre Aussagen in die Nähe naturwissenschaftlicher Objektivität bringen möchte, wäre er sinnlos für die Naturwissenschaften und schädlich für die Theologie. Diese würde durch ihren Bezug auf naturwissenschaftliche Aussagen die spezifische Beziehung zu ihrem eigenen Gegenstand verlieren.

---

4) R. Bultmann, Welchen Sinn hat es, von Gott zu reden?, in: ders., Glauben und Verstehen, Gesammelte Aufsätze, Bd. I, Tübingen [6]1966, 26.

Bultmann hat das Problem des objektivierenden Redens von Gott im Blick auf den Mythos formuliert und es einer eindrücklichen Lösung zugeführt. Mythologisch von Gott reden heißt – insbesondere in einer kulturellen Situation, die den Mythos nicht mehr als Mythos, sondern als Logos versteht – von Gott in einer Weise objektiv reden, die angesichts des wahren Gottes unmöglich ist. Deshalb forderte Bultmann die Entmythologisierung der neutestamentlichen Botschaft, ein Programm, in welchem es nicht um eine Reduktion ging, sondern um eine – vom recht verstandenen Mythos selbst geforderte – Interpretation: „Der eigentliche Sinn des Mythos ist nicht der, ein objektives Weltbild zu geben; vielmehr spricht sich in ihm aus, wie sich der Mensch selbst in seiner Welt versteht; der Mythos will nicht kosmologisch, sondern anthropologisch – besser: existential interpretiert werden."[5] Wird die neutestamentliche Botschaft existential interpretiert, wird das Reden von Gott aus seiner Objektivierung befreit und zu einem Reden des Menschen über sein Verhältnis zu Gott (besser: über das Verhältnis Gottes zu ihm) gemacht. Die existentiale Interpretation führt mithin genau zu jenem Reden über Gott, das seiner Gestalt nach dem wahren Gott entspricht. An dieser prinzipiell anthropologischen Ausrichtung der Theologie soll nicht im geringsten gerüttelt werden. Daß von Gott nicht anders als mit Blick auf menschliche Subjekte geredet werden kann, bleibt ein wichtiger Beitrag der Theologie zum Dialog mit den Naturwissenschaften.

Sofern die Naturwissenschaft kosmologisch redet und also an die Stelle des einstigen Mythos getreten ist, gilt Bultmanns Programm der existentialen Interpretation gerade auch für die theologische Rezeption naturwissenschaftlicher Erkenntnisse. Es ist aus diesem Grunde ausgeschlossen, daß naturwissenschaftliche Aussagen eine *unmittelbare Bedeutung* für die Theologie haben. Diese im Anschluß an Bultmann formulierte Erkenntnis ist somit für den folgenden Versuch eines Dialogs konstitutiv. Wenn naturwissenschaftliche Erkenntnisse rezipiert werden, müssen auch sie einer existentialen Interpretation unterzogen werden, und das heißt: Sie sind von mittelbarer Bedeutung. Im Rahmen

---

5) R. Bultmann, Neues Testament und Mythologie. Das Problem der Entmythologisierung der neutestamentlichen Verkündigung, in: ders., Kerygma und Mythos, Bd. I, Hamburg-Bergstedt ⁵1967 (ThF), 22.

der existentialen Hermeneutik hat die anthropologische Konzentration freilich dazu geführt, daß naturwissenschaftliche Erkenntnisse überhaupt keine Rolle mehr spielten oder sogar unter den Verdacht eines der Gewißheit des Glaubens widersprechenden Versuchs fielen, den Glauben objektivierend sichern zu wollen – und insofern zu zerstören.

Doch abgesehen von diesen faktischen Folgen macht gerade die existentiale Interpretation ein Plädoyer für einen neuen Bezug der Theologie zu den Naturwissenschaften notwendig. Wenn der Mensch von seiner Betroffenheit durch Gott spricht, spricht er nicht nur von seiner Betroffenheit, sondern immer auch von dem ihn betreffenden Gott. Wenn der Mensch von der Getragenheit seines Lebens spricht, spricht er nicht nur von dieser seiner subjektiven Befindlichkeit, sondern immer auch von dem sein Leben tragenden Grund. Diese Dimension des Redens darf nicht mit dem Verdikt der Objektivierung versehen werden. Denn so sehr in der Theologie die Welt nur im Horizont menschlicher Beziehung zu ihr thematisch ist, so sehr ist nicht nur diese Beziehung, sondern in diesem Rahmen auch die Welt selbst das Thema.

Wer über Gott redet, redet zugleich über den Menschen und die Welt. Und was er über den Menschen und die Welt sagt, sagt er zwar immer im Horizont einer existentiellen Relation zu Menschen und zur Welt, aber er sagt gleichzeitig etwas über den andern Pol der Beziehung. Und genau diese Aussagen überschneiden sich mit dem, was Biologie und Physik über den Menschen und das Universum sagen. Gerade weil Gott um seiner selbst willen interessant ist, ist auch die Welt – im Horizont des Glaubens – um ihrer selbst willen interessant.[6] Und es kennzeichnet jedenfalls den angemessenen naturwissenschaftlichen Umgang mit der Welt, daß sie um ihrer selbst willen interessant ist. Wenn der Glaube über Dinge wie Leben, Fleisch, Welt oder Leib spricht, begibt er sich auf ein Feld, das auch von den Naturwissenschaften bearbeitet wird. Auf eben diesem Feld ist der Dialog insofern interessant, als er zur Steigerung des Realitätsbezugs des Glaubens führt. Das hat die Theologie in einem andern Bereich, nämlich in bezug auf die historische Wahrnehmung, in diesem Jahrhundert gründlich reflektiert. Die neute-

---

6) Vgl. E. Jüngel, Gott als Geheimnis der Welt. Zur Begründung der Theologie des Gekreuzigten im Streit zwischen Theismus und Atheismus, Tübingen ⁶1992, 16-44, bes. 43.

stamentliche Rede vom Christus geht zwar über das hinaus, was man als irdische Wirklichkeit des Jesus von Nazareth bezeichnen könnte. Aber dennoch ist die Christologie eminent betroffen von dem, was sich historisch über Jesus von Nazareth aussagen läßt (was man sich am Grenzfall seiner Nicht-Existenz klarmachen kann). Der Realitätsbezug, der mittels historischer Wahrnehmung hergestellt wird, ist insofern wichtig für den Glauben an Christus. In ähnlicher Weise sagt der Glaube zwar über die Welt mehr, als diese in sich selbst ist – er thematisiert die Welt unter dem Aspekt, daß der heilige Geist, die göttliche Kreativität in ihr vorkommt. Aber es ist für den Glauben dennoch konstitutiv, was die Welt in sich selbst ist. Auch wenn in der Theologie nicht objektivierend vom Menschen und der Welt geredet werden kann, spielt es gleichwohl eine wichtige Rolle, als was die Welt und der Mensch von sich aus erscheinen. Zur Klärung dieser Frage ist der theologische Bezug auf naturwissenschaftliche Erkenntnisse sinnvoll und unerläßlich.

Wer von den Naturwissenschaften annehmen würde, sie zeichneten ein objektivierendes Bild von der Wirklichkeit, wäre überdies nicht auf dem Stand ihrer erkenntnistheoretischen Selbstreflexion. Auch wenn an der Intersubjektivität als wissenschaftlichem Ziel nicht gerüttelt werden soll, ist schon lange klar geworden, daß naturwissenschaftliche Erkenntnisse ebenfalls anthropologisch geprägt und von bestimmten Theorievorgaben geleitet werden. Von der Theologie gilt grundsätzlich, daß sie primär *Einstellungen* zur Welt vermitteln will, nicht *Vorstellungen* über die Welt. Dennoch kann man fragen, ob es eine Einstellung zur Welt geben kann, die von Vorstellungen über die Welt völlig unberührt ist. Wie kann man angesichts der Lilien des Feldes von der Fürsorge Gottes sprechen, ohne den (auch naturwissenschaftlich beschreibbaren) Vorgang des Wachstums in den Blick zu nehmen? Die Einstellung zur Welt, ein Instrument göttlicher Fürsorge für den Menschen zu sein, impliziert eine Vorstellung vom Wachstum als einem (der Entropie widerstrebenden) Aufbau von höherer Komplexität, dank derer die Fürsorge allererst ins Werk gesetzt wird. Eben dieser Vorgang widerspiegelt das, was in der Theologie Kreativität genannt wird.

Von der Naturwissenschaft gilt, daß sie grundsätzlich den möglichst genauen Vorstellungen über die Welt verpflichtet ist. Doch man kann fragen, ob es Vorstellungen über die Welt geben kann, die mit der Einstellung zur Welt in keinem Verhältnis stehen. Sind Theorien nicht eine Art Einstellung zur Welt, die unsere Vorstellungen bis zu einem gewissen Grade leiten? Kann man sich auf die Vorstellung vom Universum beschränken, ohne über dessen gewaltige Dimensionen zu staunen oder zu klagen? Die Frage wird sein, ob diese Einstellungen nur für die Person relevant sind, die Naturwissenschaft betreibt, oder aber auch für die Wissenschaft selbst. Wie immer man darauf antworten mag, das Gegenüber von Vorstellungen und Einstellungen läßt sich nicht sauber auf Naturwissenschaft und Theologie verteilen.

Wenn die Theologie von Geschöpflichkeit spricht, beschreibt sie damit unter anderem eine Einstellung zur Endlichkeit des Menschen (die Einstellung nämlich, daß die Endlichkeit nicht gleich Nichtigkeit ist), die ihrerseits eher zur Welt der Vorstellungen gehört. Die Rede von der Geschöpflichkeit ist als solche nicht unabhängig von der Vorstellung über die Endlichkeit. Würde beispielsweise eine naturwissenschaftliche Erkenntnis lauten, daß nur der Körper endlich sei, nicht hingegen die Seele, könnte man nicht mehr im selben Sinne von Geschöpflichkeit sprechen, wie gerade an der Diskussion von Auferweckung und Unsterblichkeit des Menschen erkannt werden kann. Genau diese Überschneidungen sind ein weiterer Grund, den Dialog als wissenschaftliches Unternehmen voranzutreiben.

Schließlich gehört es zu den charakteristischen Eigenschaften religiöser Sprache, daß sie metaphorisch ist. Die hermeneutische Theologie muß diesen metaphorischen Charakter auch dahingehend berücksichtigen, daß sie über die Wahrheitsbedingungen metaphorischer Aussagen nachdenkt.[7] Das gilt jedenfalls für eine Hermeneutik, die nicht nur als (am Übersetzungsvorgang orientierte) Kunstlehre des Verstehens fremder Texte konzipiert ist, sondern für die die Wahrheitsfrage zum Verstehensprozeß gehört. Wer auf dem Stand gegenwärtiger hermeneutischer Reflexion denken will, muß sich der Wahrheitsfrage stellen. Er wird also die metaphorische Sprache nicht nur übersetzen, sondern sich gleichzeitig mit dem Verifikationsproblem bildhaften Redens auseinandersetzen müssen.

---

7) Vgl. etwa E. Jüngel, Metaphorische Wahrheit. Erwägungen zur theologischen Relevanz der Metapher als Beitrag zur Hermeneutik einer narrativen Theologie, in: P. Ricoeur/E. Jüngel, Metapher. Zur Hermeneutik religiöser Sprache, München 1974 (EvTh.S), 71-122.

Zur metaphorischen Konstellation religiöser Sprache gehört es, daß sie von Gott redet in den Bildern der Welt. Indem sie von Erfahrungen mit der Welt spricht, spricht sie eine Erfahrung mit Gott aus. Sie erzählt zum Beispiel von wachsenden Kornfeldern, um die Hoffnung auf das kommende Reich Gottes zu begründen.[8] Oder sie spricht vom menschlichen Mitleid, um die elementare Bindung des Menschen an die Not des andern zu benennen. Dieser Bezug auf Welterfahrung ist charakteristisch für den christlichen Glauben. Denn seine fundamentale Einstellung zur Welt beinhaltet neben anderen Dingen, daß der Glaubende im Gemenge der Welt die Spuren der Schöpfung Gottes wahrnimmt. Demzufolge wird die Welt zu einer Spenderin von Bildern, die nicht einfach der Veranschaulichung von feststehenden Wahrheiten über Gott dienen, sondern vielmehr die Wahrheit der religiösen Aussage mitzutragen haben. Im Unterschied zu einer manichäischen oder apokalyptischen Vorstellung von der Welt, wonach diese überhaupt nichts von Gott zu offenbaren vermag, geht das Neue Testament davon aus, daß die Welterfahrung durchaus Offenbarungsdimensionen hat. Die Bilder der Welt haben aus diesem Grunde eine tragende Funktion, wenn es um die Wahrheit Gottes geht. Wenn das Wachstum des Kornfeldes keine irdische Wirklichkeit hat, ist die Hoffnung auf die Vollendung des Reiches Gottes auf Sand gebaut. Eine tragende Funktion können die Bilder dann und nur dann haben, wenn sie auch im Rahmen der Welt „stimmen". Auch wenn diese Bilder die göttliche Kreativität nicht unmittelbar abbilden, sondern vielmehr mittelbar widerspiegeln, erhalten sie im Zusammenhang religiöser Sprache eine Offenbarungsdimension. Der Glaube entdeckt in solchen Phänomenen eine Kreativität, die familienähnlich ist mit der Schöpfungsmacht Gottes.

Gewiß wird in der Bildsprache der Religion mit der Wirklichkeit der Welt poetisch umgegangen und ihre Komplexität auf einen springenden Punkt reduziert. Aber der poetische Umgang mit Wirklichkeit ist den-

---

8) Dazu H. Weder, Metapher und Gleichnis. Bemerkungen zur Reichweite des Bildes in religiöser Sprache, ZThK 90 (1993), 382-408; ders., Wirksame Wahrheit. Zur metaphorischen Qualität der Gleichnisrede Jesu, in: ders., Einblicke ins Evangelium. Exegetische Beiträge zur neutestamentlichen Hermeneutik, Gesammelte Aufsätze aus den Jahren 1980-1991, Göttingen 1992, 151-181.

9) Zum Folgenden vgl. I. U. Dalferth, Schöpfung – Stil der Welt, unveröffentlichtes Manuskript 17 ff.

noch an die Wahrhaftigkeit gebunden; keine Poesie hat das Recht zu lügen. Ein Bild muß deshalb so verwendet werden, daß es dem Duktus der Wirklichkeit folgt, die in ihm ins Bild gesetzt wird. Ingolf Dalferth[9] hat – im Anschluß an eine kunsttheoretische Bemerkung von Goethe – auf drei verschiedene Weisen des Ins-Bild-Setzens von Welterfahrung aufmerksam gemacht. Die „Nachahmung" sucht die sinnliche Natur möglichst genau abzubilden (hierzu könnte man den naturwissenschaftlichen Umgang mit der Welt zählen). Die „Manier" ist eine Darstellung der Natur, in welcher die Subjektivität des Künstlers das Bild dominiert (hier wäre die Welt nur Illustration[10] einer außerhalb des Bildes feststehenden Wahrheit). Der „Stil" schließlich ist weder Ausdruck der Subjektivität des Künstlers, noch ist er bloße Nachahmung, sondern „diejenige Objektivität der Darstellung, die nicht die wahrgenommene Wirklichkeit, sondern *das in dieser sich manifestierende Wirkprinzip* wiedergibt".[11]

Sofern zur Wirklichkeit „wesentlich das Auftreten von nicht prognostizierbarem Neuem" gehört, kann dieses Phänomen als theologisches Bild für das Schöpferische gelten.[12] Das Bild wird freilich nicht durch Abbildung gewonnen, sondern durch einen seinerseits schöpferischen Akt des Sehens: Die Theologie „erfaßt das Prinzip des Schöpferischen unserer Wirklichkeit, indem sie es im Licht eines – nicht aus der Welt, sondern aus der bestimmten Erfahrung von Tod und Auferweckung Jesu Christi gewonnenen – Wissens um Gott bestimmt, das diesen als *gut* und auf *unser Bestes* bedachten kennt."[13] Dieses Modell erlaubt es, das Moment des Poetischen in der Entdeckung tragender Bilder mit hinlänglicher Präzision zu bestimmen. Freilich stellt sich das fundamentaltheologische Problem, das jetzt bei der Wahrnehmung der Wirklichkeit vermieden worden ist, noch einmal auf gleiche Weise bei der Wahrnehmung der Wirklichkeit des Todes und der Auferweckung

---

10) Dies geschieht zum Beispiel im Rahmen einer Gleichnistheorie, welche das Gleichnis vom tertium comparationis her auslegt (so klassisch bei Adolf Jülicher, Die Gleichnisreden Jesu. Erster Teil. Die Gleichnisreden Jesu im Allgemeinen, Tübingen [2]1910, 49-63); zum Problem vgl. H. Weder, Die Gleichnisse Jesu als Metaphern. Traditions- und redaktionsgeschichtliche Analysen und Interpretationen, Göttingen [4]1990 (FRLANT 120), 11-19.

11) Dalferth, Schöpfung, 17.

12) Dalferth, Schöpfung, 18.

13) Dalferth, ebd.

Christi. Auch dort fällt das Wissen um Gott nicht vom Himmel, auch dort spielt die irdische Wirklichkeit, die vor aller Augen liegt, eine wichtige Rolle für das Sehen dessen, was offensichtlich nicht aller Augen sichtbar ist.

In vergleichbarer Weise wäre zu fragen, inwiefern im schöpferischen Akt der am Stil orientierten Darstellung die Nachahmung eine Rolle spielt. Wenn es nicht um die bloße Subjektivität des Darstellenden, sondern um ein „stilvolles" Bild von Gotteserfahrung gehen soll, ist es offenbar unumgänglich, auf bestimmte Phänomene der Welt abzustellen. So wie die nicht prognostizierbare Entstehung von Neuem eine elementare Voraussetzung für das Bild abgibt, welches hier das schöpferische Wirkprinzip – Gott den Schöpfer selbst – wahrzunehmen wagt, so bedarf die Wahrnehmung des Reiches Gottes in den selbstwachsenden Kornfeldern der Voraussetzung des Phänomens Wachstum. Solche Phänomene aber sind es, mit denen sich die Naturwissenschaften beschäftigen und die mit ihrer Hilfe präziser erfaßt werden können, so daß ein stilvolleres Bild des Göttlichen entstehen kann. Die oben genannte „Stimmigkeit" der Bilder korreliert exakt mit deren Stil.

Der metaphorische Prozeß ist – gerade wenn man ihn als Interpretations- vom bloßen Illustrationsvorgang unterscheidet – ein sprachtheoretisches Modell, das die Unterscheidung des Stils von der Nachahmung und der Manier zu verstehen erlaubt. Eine am metaphorischen Prozeß orientierte Theologie wird also jedes Erkenntnismittel einsetzen, um ein Urteil über die Stimmigkeit und insofern über die Tragfähigkeit religiöser Bilder zu gewinnen. Zu diesen Erkenntnismitteln gehört all das, was die Naturwissenschaft über die Welt sagt, der jene Bilder entnommen sind. Der Dialog mit der Naturwissenschaft führt in diesem Zusammenhang zur Steigerung der theologischen Aufmerksamkeit für die Welt.

Wer das Neue Testament hermeneutisch reflektiert auslegen will, wird zwar keinen Fingerbreit von der Konzentration auf den personalen Bezug religiöser Rede abweichen, sondern das Tragende der Welt im Horizont des Menschen, der sich als getragen erfährt und der für das ihn Tragende Dank sagt, immer zur Sprache bringen. Aber er wird so viel wie nur möglich über das Tragende selbst herausfinden wollen, und dazu gehört eben auch das, was sich naturwissenschaftlich über die Welt sagen läßt. Aus diesem Grunde kann die Theologie nicht auf das Gespräch mit den Naturwissenschaften verzichten.

1. Blick auf das Ganze

Überlegungen eines Physikers zur theologischen
Dimension der physikalischen Kosmologie

von Jürgen Audretsch

1.1. Bindung und Freiheit

Im Dialog zwischen Theologie und Naturwissenschaften scheint es
besonders naheliegend zu sein, von der physikalischen Kosmologie auszugehen – und das selbst dann, wenn über die Schöpfungstheologie
hinaus gefragt werden soll. Warum ist gerade Kosmologie und nicht
zum Beispiel das Fallgesetz, die Elementarteilchenphysik oder gar das
Gebiet der Chemie für die Theologie von so großem Interesse – einem
Interesse, auf das fast nur noch die Evolutionstheorie oder die Neuro-
biologie stößt?

Diesen immer wieder im Mittelpunkt des Gesprächs stehenden
naturwissenschaftlichen Gebieten ist gemeinsam, daß sie ein histori-
sches Geschehen beschreiben. Das physikalische Universum ist einmalig
und hat eine Geschichte. Es kann daher nicht in gleicher Weise Gegenstand der Physik sein wie z. B. der freie Fall im Gravitationsfeld. Physik
handelt nur von denjenigen Erfahrungen mit der Natur, die beliebig oft
in gleicher Weise im Prinzip von jedermann reproduziert werden können. Infolge dieser Objektivität und Wiederholbarkeit können sie Gegenstand von Gesetzen werden (z. B. dem Fallgesetz). Die Entwicklung
des Kosmos ist hingegen ein Einzelphänomen. Wir können mit dieser
Entwicklung keine wiederholbaren Erfahrungen machen. Es gibt daher
grundsätzlich auch kein kosmologisches Naturgesetz. Physikalische Ge-
setze werden in der physikalischen Kosmologie dazu verwendet, die
Geschichte des Universums zu rekonstruieren. Diese Einmaligkeit der
kosmischen Entwicklung ist außer mit der biologischen Evolution nur
noch mit der Einmaligkeit von historischen Vorgängen und von Ge-
schehnissen im religiösen Raum vergleichbar – z. B. mit dem Auferste-
hungsgeschehen. Es ist vermutlich diese Ähnlichkeit, die es besonders
nahelegt, in der Entstehung und Entwicklung des Universums einen

Ausdruck göttlichen Wirkens zu sehen. Bei dem jederzeit wiederholbaren Experiment zum freien Fall, bei dem zunächst mit technischem Aufwand durch Pumpen ein luftleerer Raum erzeugt werden muß, damit die Natur „vorgeführt" werden kann, drängt sich weniger der Eindruck göttlichen Wirkens auf. Daher spielen die eigentlich charakteristischen Prozesse der Naturwissenschaften und ihre wissenschaftliche Beschreibung im Dialog mit der Theologie zu Unrecht eine so geringere Rolle. Statt dessen stehen die beiden naturwissenschaftlichen Großerzählungen, nämlich die Geschichte des Universums und die Evolution des Lebens, im Mittelpunkt. Es besteht damit allerdings die Gefahr, daß tatsächlich fruchtbare Ansatzpunkte, wie zum Beispiel der Vergleich religiöser Erfahrung mit naturwissenschaftlicher Erfahrung, gar nicht mehr wahrgenommen werden.[14] Wie wird Wirklichkeit erkannt? Das ist die für das Verständnis der Zugänge zu Religion und Naturwissenschaften zentrale Frage. Die erkenntnistheoretische Grundlagendiskussion – und mit ihr auch die so wichtige Feststellung der Begrenztheit der Anwendungsgebiete der Physik – kann sehr viel besser über Themen geführt werden, die zum eigentlichen Bereich der Physik gehören. Gebiete, in denen Physik nur angewendet wird, sind hierfür weniger ergiebig. Das Wissen, daß eine physikalische Theorie sich jeweils auf einen wohlbestimmten *Teilbereich der Wirklichkeit* und nur auf diesen bezieht,[15] müssen wir daher hier voraussetzen. Nicht zuletzt auch um falsche Vorstellungen von der Physik und den Naturwissenschaften allgemein zu vermeiden, sollte aber der Dialog über Kosmologie und Kreativität hinaus erweitert werden.

In einem ersten Schritt folgen wird in diesem Aufsatz dem allgemeinen Trend und wenden uns der physikalischen Kosmologie zu mit

---

14) Meine Versuche hierzu finden sich in J. Audretsch, Physikalische und andere Aspekte der Wirklichkeit, in J. Audretsch (Hrsg.), Die andere Hälfte der Wahrheit – Naturwissenschaft, Philosophie, Religion, München 1992, 13-38, sowie in J. Audretsch, Physikalische Axiomensysteme und erste Wahrheiten – Zum besseren Verständnis eines religiösen Glaubens, 1997, Praxis der Naturwissenschaften – Physik, 46, Heft 6, 23-26. Für eine umfassende Darstellung des Verhältnisses von Religion und Naturwissenschaften siehe neben anderen J. G. Barbour, Religion and Science: Historical and Contemporary Issus, San Francisco 1997.

15) Vgl. etwa die ins einzelne gehende Analyse in J. Schröter, Zur Meta-Theorie der Physik, Berlin u. a. 1996.

dem Ziel, ihre Rolle im Dialog zwischen Theologie und Naturwissenschaften kritisch zu betrachten. Aus der Sicht eines Theoretischen Physikers soll untersucht werden, welche *Anregungen* von der physikalischen Kosmologie für die Schöpfungstheologie ausgehen können. Hierzu sind zunächst einige Abgrenzungen und Charakterisierungen nötig.

Populärwissenschaftliche Artikel in Zeitschriften und Büchern oder Filme in Kino und Fernsehen, die sich mit Kosmologie befassen, sind heute weit verbreitet. Durch sie vermittelt können sowohl die bunten Bilder von Sternenhaufen, Galaxien usw. als auch die Kosmologie mit ihrem Rausch der großen Distanzen und frühesten Zeiten Ausgangspunkt für religiöses Erleben sein. Bei dem einen Betrachter kann das Gefühl des Eingebettetseins in eine Welt voller Schönheit und Ordnung hervorgerufen werden. Bei einem anderen kann aber auch ein Schaudern vor den großen Räumen und ein Gefühl der Verlorenheit und der Sinnlosigkeit bewirkt werden. Solche Formen religiösen Erlebens, so legitim sie sein mögen, sollen durch diesen Artikel nicht hervorgerufen werden.

Ich möchte noch eine weitere Abgrenzung machen, um Mißverständnissen vorzubeugen. Dieser Artikel wird keine religiösen Bekenntnisse des Autors enthalten. Ich bin der Meinung, daß der interdisziplinäre Dialog keine Bekenntnisse benötigt, sondern allein auf naturwissenschaftlichen, theologischen und philosophischen Analysen aufbauen kann, die allerdings in einer Form durchzuführen sind, die für den Gesprächspartner verständlich ist. Hierzu brauchen wir zwar keine Popularisierungen, wohl aber didaktisch gute Elementarisierungen der Physik und aller Naturwissenschaften einerseits sowie der Theologie andererseits. Gerade für die Theologie scheint es mir hier überraschenderweise einen Nachholebedarf zu geben. Was die physikalische Kosmologie betrifft, so möchte ich im folgenden voraussetzen, daß die Leserin oder der Leser bereits die Gelegenheit hatte, sich mit ihr in elementarisierter Form etwas vertraut zu machen. Ich gehe daher in Kapitel 2 nur sehr knapp referierend auf Kosmologie ein.

Die physikalische Kosmologie stellt für diesen Artikel nur den Ausgangspunkt für Fragen an die Theologie dar. Es wird auf ihrer Grundlage eine Aussage angestrebt, von der ich mir erhoffe, daß sie im Dialog aufgenommen wird und ihn weiterbringt. Zugleich soll ein Beitrag zur Verhältnisbestimmung von Naturwissenschaften und Theologie am Beispiel der physikalischen Kosmologie und der Schöpfungstheologie geleistet werden. Im Mittelpunkt steht dabei das wechselseitige Verhältnis von Bindung und Freiheit.

Hierzu muß zunächst an Bekanntes erinnert werden. Die Naturwissenschaften haben im Laufe ihrer Geschichte die theologischen Elemente, die sie einmal enthielten, völlig eliminiert. Man wird einen Bezug auf Gott innerhalb der heutigen naturwissenschaftlichen Diskussion vergeblich suchen. Wenn immer eine naturwissenschaftliche Theorie in tatsächlichem oder vermeintlichem Widerspruch zu theologischen Aussagen steht, so ist das für die Bewertung dieser Theorie durch die Naturwissenschaftler selbst ohne Bedeutung und wird nicht weiter beachtet. Ein solcher Widerspruch mag dem einzelnen Naturwissenschaftler als Person außerhalb seiner naturwissenschaftlichen Tätigkeit sehr zu denken geben. Für die Weiterentwicklung der Naturwissenschaften spielt er heute keine Rolle mehr. Die Naturwissenschaften sind der Theologie gegenüber frei.

Umgekehrt liegt eine andere Situation vor. Die Theologie kann naturwissenschaftliche Aussagen nicht übersehen. Es gibt vielerlei Bezugspunkte, die aus der Sicht der Systematischen Theologie, aber insbesondere auch der Praktischen Theologie zu analysieren sind. Um bei unserem Thema zu bleiben: Weshalb muß man, wenn man über Schöpfungstheologie nachdenken will, sich über physikalische Kosmologie informieren, um ihre Ergebnisse richtig einschätzen zu können? Die Theologie unterliegt einer Einschränkung. Ihre Argumentation darf nicht in Widerspruch zu historischen Tatbeständen oder naturwissenschaftlichen Aussagen geraten. Sie ist in dieser Hinsicht *gebunden*. Die Wahrung der Eigenart des theologischen Zugangs und der religiösen Aussagen setzt die Kenntnis des naturwissenschaftlichen Zugangs und seiner Ergebnisse voraus.

Allerdings begegnet man neben der Einhaltung dieser einschränkenden Minimalforderung immer wieder Versuchen, kosmologische Aussagen darüber hinaus positiv für die Theologie oder die praktische Verkündigung *nutzbar* zu machen. Das halte ich bei behutsamer Durchführung dann für sinnvoll, wenn diese Versuche für die Theologie – falls das überhaupt nötig ist – *befreiend* wirken, indem sie verdeutlichen, daß einige vermeintliche Einschränkungen durch naturwissenschaftliche Ergebnisse bei genauer Analyse tatsächlich gar nicht gegeben sind.

Eine solche Zielsetzung unterscheidet sich fundamental von der theologischen Nutzbarmachung der Kosmologie, wie sie von einer zunehmenden Zahl von Naturwissenschaftlern und Theologen in Aufsätzen und Büchern versucht wird. Die dort behauptete enge Verknüpfung von Schöpfungstheologie mit physikalischer Kosmologie bindet die Schöpfungstheologie in ungerechtfertigter Weise. In populärwissenschaftlichen Büchern über Kosmologie, die von Physikern, Astronomen oder Wissenschaftsjournalisten geschrieben wurden, findet sich gern ein letztes Kapitel, in dem die Sprache auf Gott kommt. Hier wird dann versucht, auf der Grundlage unserer Kenntnisse vom frühen Universum einen Gottesbeweis aufzubauen oder umgekehrt aus der Kosmologie die Existenz Gottes zu widerlegen.[16] Ein etwas sanfteres Vorgehen beobachtet man auf theologischer Seite: Man kann den Naturwissenschaften und insbesondere der Kosmologie Schlagworte wie Urknall usw. entnehmen, die sich in metaphorisches Reden einbauen lassen.[17] Das ist bis zu einem gewissen Grade legitim. Unredlich wird es allerdings, wenn man dabei versucht, etwas vom Wahrheitsgehalt der Naturwissenschaften in theologische Argumentation herüberzuziehen. So entstehen für den unkritischen Leser Pseudobegründungen, die auf naturwissenschaftlich Informierte tatsächlich aber eher abstoßend wirken. Man kann eine naturwissenschaftliche Argumentation nicht durch einen

---

16) Typisch ist eine Aussage von Paul Davies: „Es mag seltsam erscheinen, aber meiner Auffassung nach bietet die Naturwissenschaft einen sichereren Weg zu Gott als die Religion. Ob unsere Antworten richtig oder falsch sind, die Naturwissenschaft hat mittlerweile den Punkt erreicht, von dem aus religiöse Fragen auf wissenschaftlich haltbare Weise untersucht werden können. Das deutet an, wie weitreichend die Folgen der modernen Physik sind." (P. Davies, Gott und die moderne Physik, München 1986, 15). Steven Hawking beschreibt das, was sein wird, wenn wir die vollständige naturwissenschaftliche Theorie gefunden haben, am Ende seines Buches 'A Brief History of Time': 'If we find the answer to that, it would be the ultimate triumph of human reason – for then we would truly know the mind of God.' (St. W. Hawking, A Brief History of Time. From the Big Bang to Black Holes, New York u. a. 1988). Gott wird so der größte aller Theoretischen Physiker.

17) Es ist tatsächlich eine Invasion physikalischer Begriffe und Konzepte auf allen Ebenen unserer Kultur vom Philosophenkongreß bis zum Boulevardblatt zu beobachten. Gern verwendet werden Wörter wie Selbstorganisation, Synergie, Vernetzung, Kausalität, Phasenübergang, Wärmetod, offenes System, Schwarzes Loch, Urknall, Quantensprung und neuerdings sogar Quantenlogik (für falsche Schlußfolgerungen). In der Regel kennt allerdings derjenige, der diese Wörter verwendet, die ihnen zugrunde liegenden physikalischen Konzepte nicht. Dazu J. Audretsch, Physiker als Hüter der letzten Geheimnisse, Frankfurter Allgemeine Zeitung, 15. März 1994.

etwas verschwommen gehaltenen Zwischenbereich hindurch nahtlos in Theologie übergehen lassen, wie das gerade am Beispiel des Anfangs der Welt und der Schöpfungstheologie oft versucht wird.[18]

Aber ist die Beschäftigung mit diesen Fragen überhaupt notwendig? Lassen sie sich nicht in ganz einfacher Weise durch die Annahme umgehen, daß Schöpfungstheologie und physikalische Kosmologie – abgesehen von der oben beschriebenen Bedingung der Widerspruchsfreiheit – nichts miteinander zu tun haben?[19] In diesem Sinne könnte man mit Bezug auf Wittgenstein die Religion einerseits und die Naturwissenschaften andererseits als jeweils eigenständige und gleichberechtigte Sprachspiele auffassen, die nicht von außen her kritisiert oder gerechtfertigt werden können. Die jeweiligen Voraussetzungen, Begriffe, Deutungen und Begründungsverfahren sowie die Wirklichkeitsbereiche, auf die sie sich beziehen, wären dann völlig verschieden. Da sich religiöse Aussagen auf die Wahrheit des Einzelphänomens beziehen und naturwissenschaftliche Aussagen demgegenüber Wiederholbarkeit voraussetzen, scheint diese Trennung sehr einfach zu sein.

Ich halte diesen Ansatz aus streng systematischer Sicht tatsächlich für weitgehend zutreffend. Allerdings ist er für die *praktische* Bewälti-

---

18) Jean Guitton und Koautoren beispielsweise kommen zu dem Ergebnis: „Woher kommt diese kolossale Energiemenge am Ursprung des Urknalls? ... Das Meer unbegrenzter Energie ist der Schöpfer". (J. Guitton, G. Bogdanov und J. Bogdanov, Gott und die Wissenschaft – Auf dem Weg zum Metarealismus, München ^{2}1993, 40 f.) Ihrer Meinung nach stehen wir am Beginn einer Revolution des Denkens, das neu ist „insofern, als es die Grenzen zwischen Gott und Materie verwischt" (ders., a. a. O., 12). Damit werden dann bis zu einem gewissen Grade auch Theologie und Naturwissenschaften zu einer einzigen Disziplin: „Von nun an gibt es zwar nicht einen Beweis – Gott fällt nicht in den Bereich der Demonstration –, aber eine wissenschaftliche Grundlage für die von der Religion vorgeschlagenen Auffassungen" (ders., a. a. O., 23).

19) In der Formulierung von Johannes Fischer entspräche das der These, „daß der Sinn der Rede von der Schöpfung in der kommunikativen geistlichen Dimension statt auf der Ebene des naturwissenschaftlichen Weltbildes aufgesucht werden muß". J. Fischer, Kann die Theologie der naturwissenschaftlichen Vernunft die Welt als Schöpfung verständlich machen?, Freiburger Zeitschrift für Philosophie und Theologie 41 (1994) 497. „Die religiöse Wahrnehmung der Wirklichkeit unter Gottes Handeln und die vernünftige Welterkenntnis im Horizont menschlicher Intersubjektivität sind in unterschiedlichen kommunikativen Perspektiven verankert" (ders., a. a. O., 502).

gung der Probleme nicht ausreichend. Wir leben nicht jeweils nur mit einem Sprachspiel oder trennen stets sorgfältig. Die Sprachspiele durchdringen sich. Die Ursache hierfür dürfte sein, daß diese „Spiele" für die meisten Menschen keine Spiele sind, sondern im Fall der Religion existentielle Bedeutung haben. Die Trennungslösung, die besagt, daß Theologie und Naturwissenschaften sich nichts zu sagen haben, ist bei aller theoretisch-systematischer Attraktivität nicht vollständig, nicht allgemein akzeptiert und geht insbesondere an der Lebenspraxis vorbei.[20]

Dazu ein Beispiel: Wenn ich einem Physiker oder anderen Naturwissenschaftler erzähle, daß ich einen Aufsatz über physikalische Kosmologie und Schöpfungstheologie schreibe, dann denkt er zunächst einmal: „Wieder einer, der den Urknall durch das Wirken des lieben Gottes erklären will", und läßt durchblicken, daß der „Lückenbüßer-Gott" aus mancherlei Gründen nichts für ihn ist. Und das kann ich gut verstehen. Aber nicht nur auf den „Physik-Kollegen" wirkt ein solches theologisches Ausbeuten von naturwissenschaftlichen Ergebnissen abstoßend. Das naturwissenschaftliche Denken herrscht heute – oft unbewußt – bei sehr vielen Menschen vor. Unsere hochtechnisierte Lebenswelt und unsere Orientierungsbemühungen in ihr von Kind an bringen das mit sich. Technik transportiert naturwissenschaftliches Denken. Für viele Menschen wird daher durch einige Formen des theologischen Umgangs mit der physikalischen Kosmologie der Zugang zur Schöpfungstheologie tatsächlich eher verbaut als eröffnet.

Das führt uns auf eine Bindung der Theologie, die stets vorhanden ist. Man mag von der systematischen Getrenntheit von Naturwissenschaften und ihrem gesicherten Wissensbestand einerseits und Theologie und Glaube andererseits überzeugt sein oder nicht. Unabhängig davon ist es für die Theologie unverzichtbar, zur Kenntnis zu nehmen, was durch die Naturwissenschaften als *plausibel* und einleuchtend nahegelegt wird. Wir haben im Alltag gute Erfahrungen damit gemacht, uns nur am Plausiblen zu orientieren, indem wir Prognosen und Rekonstruktionen darauf bauen. Dabei lassen wir die Naturwissenschaften inhaltlich nahelegen,

---

20) Es wäre allerdings falsch daraus zu folgern, daß Theologie und Naturwissenschaften auf einer höheren theoretischen Ebene zu vereinheitlichen wären. Eine solche "theory of everything" ist kaum vorstellbar. Nicht einmal für die hierzu nötige Voraussetzung der „einen Wirklichkeit" gibt es überzeugende Belege.

was plausibel ist. Diese streng genommen nicht bewiesenen Aussagen und ihre Bedeutung für das Denken des modernen Menschen sprengen aber das oben skizzierte Schema der koexistierenden Sprachspiele. Sie entziehen sich einer philosophisch-theoretischen Analyse, die das naturwissenschaftliche Denken in seiner rekonstruierten Idealform zum Ausgangspunkt nimmt und so die Trennungslösung begründet. Erst auf der Ebene der Plausibilität wird die Vermittlung von Naturwissenschaft und Theologie tatsächlich dringlich. Plausibilitäten widerlegen keine religiösen Aussagen, aber sie können zum *Zweifel* an ihnen führen. Wesentlich ist sodann: Das denkerisch Plausible ragt über den Zweifel ins Existentielle hinein. Eine Theologie, für die Gott insbesondere in Relation zur existentiellen Situation eines Menschen deutlich wird, sollte das berücksichtigen. Wenn Theologie die naturwissenschaftlich und technisch orientierten Skeptiker nicht erreicht, dann verpaßt sie den modernen Menschen.

Von der physikalischen Kosmologie gehen für die Schöpfungstheologie *Anregungen* aus, die diese berücksichtigen muß, wenn sie nicht nur ihr Sprachspiel spielen, sondern auch die Menschen erreichen will, die nicht schon fest überzeugte Mitspieler sind. Die biblischen Zeugnisse sind daher nicht nur im Licht aktueller naturwissenschaftlicher Forschungen und bestätigter Theorien zur Deutung dieser Erkenntnisse jeweils abgrenzend neu zu formulieren,[21] sondern es ist ernsthaft einzubeziehen, was dem naturwissenschaftlichen Denken plausibel erscheint.

Fragen wir also im Hinblick auf die Schöpfungstheologie nach den Anregungen, die für die Theologie von der physikalischen Kosmologie ausgehen können. Dabei wird es auch darum gehen festzustellen, was die Kosmologie gerade nicht nahelegt. Dieses negative Ergebnis bewahrt möglicherweise die Theologie vor falschen Ansätzen. Sie wird so *frei*, den wahren Ort der Schöpfungstheologie zu benennen.

---

21) In diesem Sinne würde ich die Forderung von Jürgen Moltmann interpretieren bzw. erweitern: „Wie die Traditionsgeschichte in der Bibel selbst beweist, stehen die Schöpfungsgeschichten in einem hermeneutischen Prozeß ihrer Revision und Innovation durch neue Erfahrung. Es ist daher nicht nur möglich, sondern sogar notwendig, die biblischen Zeugnisse von der Schöpfung und der Geschichte Gottes mit seiner Schöpfung auf neue Naturerkenntnisse und neue Theorien zur Deutung dieser Erkenntnisse heute zu beziehen und sie ihrerseits in deren Licht neu zu formulieren." (J. Moltmann, Was ist der Mensch? – Menschenbild zwischen Evolution und Schöpfung in: H. A. Müller [Hrsg.], Naturwissenschaft und Glaube, München 1993, 251.)

1.2. Elemente der physikalischen Kosmologie

Es soll zunächst in sehr gedrängter Form eine Zusammenfassung der Ergebnisse der Kosmologie gegeben werden.[22] Eine für den physikalischen Laien nachvollziehbare seriöse Darstellung der Kosmologie auf wenigen Seiten, in der Zusammenhänge begründet werden, kann es nicht geben. Dennoch mögen Hinweise nützlich sein, worauf bei einer begleitenden Lektüre in ausführlicheren Darstellungen zu achten ist. Die folgenden zwei Kapitel sind so zu verstehen. Der Leser muß sie nicht in allen Einzelheiten nachvollziehen.

Die Verteilung der Sterne zeigt eine Haufenstruktur: Sie sind dünn verteilt in Galaxien (Milchstraßensystemen) zusammengeballt. Die Galaxien fliegen mit sehr großer Geschwindigkeit radial von der Erde weg. Im einzelnen zeigen die Beobachtungen, daß ihre Geschwindigkeiten um so größer sind, je weiter sie von uns entfernt sind (Hubble-Gesetz). Diese Geschwindigkeitsverteilung ist isotrop, d. h. keine Richtung ist ausgezeichnet. Der Umstand, daß die Fluchtgeschwindigkeit der Entfernung proportional ist, hat zur Folge, daß sich für einen gedachten Beobachter, der die Bewegung der Galaxien von einer anderen Galaxie aus registriert, ebenfalls eine isotrope Geschwindigkeitsverteilung ergibt. Unsere Heimatgalaxie ist also nicht vor anderen ausgezeichnet. Zur Isotropie in der Verteilung und Bewegung der Galaxien kommt die Homogenität hinzu, d. h. kein Ort ist ausgezeichnet. Die zweite zentrale kosmologische Beobachtung ist der Nachweis der kosmischen Hintergrundstrahlung. Es handelt sich um eine elektromagnetische Strahlung im Mikrowellenbereich. Sie ist thermisch mit der Temperatur 2,7° Kelvin, die also nur wenig über dem absoluten Nullpunkt liegt. Diese Strahlung weist eine überraschend hohe Isotropie auf, d. h. mit außer-

---

22) Es gibt vielfältige Literatur zur Kosmologie. Eine elementarisierte Darstellung findet sich zum Beispiel in J. Audretsch, Physikalische Kosmologie I: Das Standardmodell, in J. Audretsch und K. Mainzer (Hrsg.), Vom Anfang der Welt – Wissenschaft, Philosophie, Religion, Mythos, München [2]1990, 66-92, und J. Audretsch, Physikalische Kosmologie II: Das Inflationäre Universum oder der kosmologische Münchhausen-Effekt, a. a. O. 93-113. Man vergleiche auch G. Börner, Ist das kosmologische Standardmodell in Gefahr?, 1997, Physik in unserer Zeit, 28, 6-15. Eine gute Einführung auf Hochschulniveau stellt das Lehrbuch von Hubert Goenner dar: H. Goenner, Einführung in die Kosmologie, Heidelberg u. a. 1994.

ordentlich hoher Präzision strahlt die Hintergrundstrahlung aus allen Richtungen mit genau derselben Temperatur auf uns ein. Die Hintergrundstrahlung kommt nicht von den Sternen, sondern sie ist kosmischen Ursprungs. Man versucht nun, sich aufgrund dieser Beobachtungen theoretisch eine Vorstellung vom Aufbau und der Entwicklung des Universums zu machen. Im *Standardmodell* macht man dabei die folgenden idealisierenden und extrapolierenden Annahmen: Die Verteilung von Strahlung und Materie war im Universum überall und zu allen Zeiten homogen und isotrop. Weitere Annahmen werden noch hinzukommen.

Um eine Vorstellung von der Entwicklung des Universums zu erhalten, wird nun das folgende Verfahren eingeschlagen: Man geht von Beobachtungen aus, die nur wenig den Bereich unseres Milchstraßensystems überschreiten. Wegen der Endlichkeit der Lichtgeschwindigkeit schauen wir dabei tatsächlich immer auch ein wenig in die Vergangenheit zurück. Hierauf aufbauend wird ein kosmologisches Modell konstruiert, in dem mit Hilfe der heute bekannten Physik in die Vergangenheit zurückgerechnet wird.

Gravitation ist die einzige Wechselwirkung langer Reichweite, die nicht abschirmbar ist. Sie ist daher die für das kosmologische Geschehen entscheidende Wechselwirkung. Für den Bau des kosmologischen Modells wollen wir die beste uns heute zur Verfügung stehende Gravitationstheorie verwenden, das ist die Einsteinsche Allgemeine Relativitätstheorie. Wir fügen daher als weitere zentrale Annahme hinzu: Die Einsteinsche Allgemeine Relativitätstheorie ist zu allen Zeiten und an allen Orten des Universums zur Beschreibung des dynamischen Geschehens anwendbar.

In der Einsteinschen Allgemeinen Relativitätstheorie werden Eigenschaften der Gravitation, wie wir sie von der Newtonschen Gravitationstheorie her kennen, verallgemeinert. Zugleich wird die Erkenntnis der Speziellen Relativitätstheorie aufgenommen, daß Masse eine spezielle Form von Energie ist. Die Gravitation wird durch eine gekrümmte Raumzeit beschrieben. Diese führt nicht nur Massen (= Energie) auf ihrer Bahn, sondern alle Formen von Energie, Drücken, Spannungen usw., also insbesondere auch die Lichtstrahlen, und verändert ihre Wellenlänge. Umgekehrt kann durch alle Formen von Energie in jeweils spezifischer Weise die Raumzeit gekrümmt und damit eine gravitative

Wirkung etabliert werden. Im einzelnen besagt die Theorie: Aus der Forderung der Homogenität und Isotropie folgt, daß der dreidimensionale Raum mathematisch ein Raum konstanter Krümmung ist. Die Galaxienflucht, wie wir sie beobachten, bedeutet dann eine Verdünnung der Materie, die entsprechend mit einer Verringerung der Raumzeit-Krümmung verknüpft ist.

Auf die verschiedenen Geometrien des dreidimensionalen Raumes und die damit verbundenen Aussagen über den Zusammenhang des Universums im Ganzen kann hier nicht eingegangen werden. Wir wollen statt dessen uns gleich einer für unser Thema wesentlichen Konsequenz zuwenden, dem *Urknall*. Hierzu fügen wir unserem Standardmodell eine weitere Annahme hinzu. Die normale physikalische Materie, so wie sie uns in den astrophysikalischen Objekten unserer Umgebung begegnet, bewirkt eine Gravitation, die zur Anziehung zwischen den Objekten führt. Wir setzen dementsprechend extrapolierend voraus, daß im Universum stets diese normale Materie vorgelegen und über die Gravitation zu allen Zeiten Anziehung geherrscht hat. Diese gravitative Anziehung hat nach dieser Annahme dann ständig abbremsend gewirkt. Das hat zur Folge, daß die Galaxien früher mit größerer Geschwindigkeit voneinander weggeflogen sein müssen. Entsprechend waren die Galaxien früher auch näher beieinander.

Wenn man daher das kosmische Geschehen zeitlich zurückverfolgt, ergibt sich eine wichtige Konsequenz: Es muß vor endlicher Zeit in der Vergangenheit einen Zustand mit überall unendlicher Materiedichte gegeben haben. Er wird *Urknall* genannt. In diesem Raum-Zeit-Punkt ist aller Inhalt des Universums mit unendlicher Geschwindigkeit voneinander weggeflogen. Aus den heutigen Fluchtgeschwindigkeiten der Galaxien ist abschätzbar, daß dieses Ereignis vor weniger als 20 Milliarden (2×10^{10}) Jahren stattgefunden hat.[23] Die Welt ist in diesem Bild daher weniger als 20 Milliarden Jahre alt.

Der Urknall selbst stellt wegen der damit verknüpften unendlichen Dichte eine Singularität dar. Wegen der unendlichen Krümmung der Raum-Zeit verlieren Raum und Zeit selbst ihre physikalische Bedeutung. Vorgänge können nicht durch die Singularität hindurch verfolgt

---

23) Genaue Zahlenangaben sind für den Dialog mit der Theologie nicht wichtig.

werden. Es gibt kein Früher. Im Standardmodell sind sowohl der Inhalt des Universums als auch Raum und Zeit selbst vor weniger als 20 Milliarden Jahren in einem Ereignis entstanden, das man dann als Anfang der physikalischen Welt bezeichnen kann. Aber Achtung: Dieses ist eine Aussage, die unter den oben angeführten Modellannahmen gewonnen wurde. Werden die Modellannahmen zweifelhaft, so fällt auch die Aussage!

Um sich hierüber ein Urteil bilden zu können, muß man den Inhalt des Universums und seine Entwicklung näher betrachten und in immer frühere Zustände hinein verfolgen. Wichtig dafür ist die auf der Allgemeinen Relativitätstheorie beruhende Aussage, daß elektromagnetische Strahlung mit wachsendem Weltalter immer langwelliger und damit energieärmer wird. Das bedeutet umgekehrt, daß die heute sehr kalte Hintergrundstrahlung früher sehr viel heißer und energiereicher war – je näher am Urknall, um so heißer. Abhängig von der Energie der Strahlung finden bei der Wechselwirkung von Strahlung mit Materie verschiedene physikalische Prozesse statt. Beim Übergang zu immer höheren Energien erfolgt zunächst eine Ionisierung von Atomen, dann die Spaltung der Atomkerne und die Erzeugung von Elektronen-Positron-Paaren. Schließlich ist die Energie so hoch, daß sich ein Gleichgewicht zwischen Photonen, Leptonen und Hadronen einstellt. Das führt auf ein wichtiges Zwischenergebnis: Das frühe Universum stellt ein Hochenergielaboratorium dar. Bei unserer Rückschau haben wir bisher nur experimentell, zum Beispiel in Beschleunigern überprüfbare Hochenergiephysik verwendet.

Betrachten wir die Prozesse nun wieder im Ablauf der positiven Zeitrichtung, so bedeutet das:[24] Bei einem Weltalter von 10^{-6} Sekunden haben ein Quark-Leptonen-Plasma sowie Gluonen vorgelegen, bei 10^{-3} Sekunden ist das Ende der starken Wechselwirkung anzusetzen, bei einem Weltalter von einer Sekunde vernichten sich Elektronen und Positronen zu Photonen, bei einem Weltalter von vier Minuten findet die Bildung der leichten Elemente statt und bei einem Weltalter von 100 000 Jahren koppelt sich schließlich die Strahlung von der heißen Materie ab. Diese Strahlung erreicht uns heute als kalte Hintergrundstrahlung. Die Bildung der leichten Elemente bei einem Weltalter von

---

24) Alle Zahlen stellen nur die Angaben von Größenordnungen dar.

etwa vier Minuten ist abhängig von der damaligen Dichte. Die Häufigkeit der leichten Elemente, so wie sie heute beobachtet wird, stellt einen unabhängigen Test auf die heutige Dichte im Universum dar. Der astrophysikalisch belegte empirische Teil der Kosmologie geht somit bis zu einem Weltalter von vier Minuten zurück.

Im Rückblick auf das Standardmodell stellen sich allerdings die folgenden *Fragen*: Welche Physik galt im Universum in den über alle Maßen heißen und energiereichen Zuständen *vor* dem Weltalter 10^{-6} Sekunden? Können die Annahmen des Standardmodells auch dann noch gemacht werden? Gelten seine Aussagen wie Urknall usw. noch? Hat es überhaupt einen Urknall gegeben? Was müßte man statt dessen genauer sagen?

1.3. Die Entstehung des Universums

Wir wollen in einem nächsten Schritt die Ergebnisse der Kosmologie charakterisieren und bewerten. Hierzu ist wiederum eine methodische Vorbemerkung notwendig. Die Aussagen, die in der Kosmologie gemacht werden, reichen hinsichtlich ihrer Vertrauenswürdigkeit von „empirisch belegt" bis „rein spekulativ". Es lassen sich verschiedene Stufen unterscheiden: Zum einen haben wir kosmologische Aussagen, die durch Beobachtungsdaten belegt sind und die mit Hilfe von Theorien gewonnen wurden, die im Laboratorium gut bestätigt sind. Wir haben gesehen, daß die empirische Kosmologie bis auf ein Weltalter von ca. 4 Minuten zurückgeht. Da das Universum hierfür noch mit Hilfe der Laboratoriumsphysik beschrieben werden kann, ist sein Inhalt noch nicht in einem physikalisch besonders ungewöhnlichen Zustand. Schaut man weiter zurück in die Vergangenheit des Universums, so wird Schritt für Schritt die empirische Kosmologie verlassen. Zunächst beruhen unsere Vorstellungen vom Zustand des Universums aber noch auf Theorien, die im Laboratorium gut bestätigt sind, auf die wir uns daher verlassen können. Dies geht zurück bis zum Quark-Leptonen-Plasma. Wir überschauen auf diese Weise die Geschichte des Universums über den ungeheuren Zeitraum vom Weltalter von 10^{-6} Sekunden bis zum heutigen Weltalter von 10^{10} Jahren.

Vor dem Weltalter von ca. 10^{-6} Sekunden treten wir im Rückblick in eine Phase ein, die sich noch mit einer gemäßigten Extrapolation bestätigter Theorien beschreiben läßt. Aber genau genommen verwenden wir hier also bereits eine theoretische Physik ohne empirische Basis. Es handelt sich also um nichts anderes als mathematisch sauber und widerspruchsfrei formulierte Spekulationen. Es ist wichtig für die Bewertung, daß die empirisch belegten theoretischen Vorstellungen nicht mit dieser mathematisch-spekulativen Physik gleichgesetzt werden, die eher sehr anspruchsvoll mathematisch-physikalisch formulierte Science fiction ist. Vor der Planck-Zeit von 10^{-43} Sekunden schließlich – das ist jedenfalls die allgemeine Vermutung – sind auch Raum und Zeit selbst zu quantisieren. Hierfür nun gibt es heute nicht einmal eine in sich widerspruchsfrei formulierte Theorie. Ein wesentliches Element der mathematisch-spekulativen Physik ist damit noch nicht gegeben.

Wie ist auf dieser Grundlage nun die Aussage zu bewerten, daß das Universum in einem Urknall entstanden ist? Der Urknall taucht nur in dem oben geschilderten als Standardmodell bezeichneten kosmologischen Modell auf, in dem ganz gewisse Voraussetzungen z. B. über den materiellen Inhalt des Universums gemacht werden. Eine dieser Voraussetzungen ist, daß die Materie sich stets in einem Zustand befindet, in dem die damit verknüpfte Gravitation anziehend ist. Und das ist aber gerade nach den Extrapolationen der im Laboratorium bestätigten Theorien nicht zu erwarten. Die Behandlung des extrem frühen Frühzustands des Universums im Inflationären Modell macht gerade von der Abstoßung Gebrauch.[25] Ein Urknall als Singularität der Raum-Zeit, in der die Raum-Zeit vierdimensional punktuell entstanden ist, ist eine Vorstellung, die wir aufgeben müssen. Es ist vielmehr so, daß unser Blick zurück in Spekulationen endet.

Es ist nach allen Erfahrungen auch nicht damit zu rechnen, daß jemals eine definitive Aussage über den Ursprung und den Anfang der Welt im Rahmen einer physikalischen Kosmologie gemacht werden kann. Dies hat einen einfachen Grund: Wenn man die Geschichte der Physik betrachtet, dann ist immer mit dem Erschließen neuer Anwendungsbereiche, wie sie durch höhere Energien, höhere Geschwindigkeiten, kleinere Massen, kleinere Abstände usw. charakterisiert sind, auch Phänomene aufgetreten, die zu ihrer Beschreibung neue physikalische Theorien erforderten. Physik und Naturwissenschaften allgemein kommen bei ihrem experimentellen Fortschreiten nicht in Gebiete, in denen

---

25) Einzelheiten finden sich zum Beispiel in J. Audretsch, 1990, a. a. O., 93-113.

immer nur wieder das schon bereits Bekannte vorzufinden ist. Mit Blick auf die Theologie ist also zu sagen, daß ein Zeitpunkt, in dem ein Schöpfungsakt hätte stattfinden können, nicht auftaucht. Mehr noch, es ist nach bisheriger Erfahrung mit der Physik auch nicht zu erwarten, daß zukünftige Theorien ihn nahelegen werden. Die Kosmologie wird also so wenig an einen Anfang und damit an ihr Ende kommen wie die Physik selbst.

Nachdem sich die Frage nach dem Zeitpunkt der Entstehung des Universums als unbeantwortbar, ja als physikalisch eher sinnlos erwiesen hat, liegt es mit Blick auf Schöpfungstheologie nahe, weiter zu fragen. Zeit ist an Veränderung geknüpft. Existenz ist demgegenüber aber auch ohne Veränderung denkbar. Schöpfung muß also nicht unbedingt mit dem Anfang der Zeit zusammenfallen. Betrachten wir von daher noch einmal unsere kurze Schilderung der Kosmologie, so stellen wir fest, daß die kosmogonische Frage bisher gar nicht angesprochen ist. Bisher sind wir auf eine Theorie der Entstehung des Universums noch nicht eingegangen und haben uns nur auf die Entwicklung des Universums beschränkt. Dies wollen wir in einigen Andeutungen jetzt nachholen.

Zu einer solchen physikalischen Kosmogonie gibt es erste Vorstellungen. Sie liegen ganz im Bereich der mathematisch-spekulativen Physik und haben bisher keine unter den theoretischen Physikern allgemein akzeptierte befriedigende Form gefunden. Es handelt sich um die Quantenkosmologie, in der versucht wird, die Quantentheorie auf das Universum als Ganzes anzuwenden. Eine vollständige Theorie dieser Art setzt eine Quantentheorie der Gravitation voraus, in der Raum und Zeit selbst quantisiert werden. Hierfür gibt es bisher keine voll befriedigenden Ansätze. Darüber hinaus gibt es eine große Fülle weiterer konzeptioneller Probleme. So ist etwa die übliche Trennung zwischen Quantensystem und Meßapparat nicht mehr möglich, da es nur ein Universum gibt. Das Universum muß sich also gewissermaßen selbst messen oder Teile des Universums müssen andere Teile messen. Das damit eng verknüpfte Problem der Entstehung klassischer Eigenschaften und damit der Zeit selbst kommt hinzu. Auf diesem neuen Gebiet sind wir trotz schöner Fortschritte in der letzten Zeit also sicherlich noch ganz am Anfang der Entwicklung mathematisch widerspruchsfreier und physikalisch befriedigender Konzepte. Die Behauptung, daß dieser Quantenzustand „Universum" durch eine Quantenfluktuation aus dem Quantenvakuum entstanden sei, ist bereits ausgesprochen worden. Zu beachten ist dabei allerdings, daß ein Quantenvakuum keineswegs mit dem „Nichts" gleichzusetzen ist, sondern eine Fülle physikalischer Strukturen aufweist.[26] Das kann z. B. in der Quantenoptik mit schönen Versuchen demonstriert werden.

Im Dialog zwischen Physik und Theologie am Beispiel von Kosmologie und Schöpfungstheologie sollte man sich davor hüten, die zuletzt beschriebenen hochspekulativen Ansätze, die gerne in populärwissenschaftlichen Büchern herausgestellt werden, allzu ernst zu nehmen und in den Mittelpunkt der Diskussion zu rücken. Damit würde man den Theoretischen Physikern etwas ganz und gar Unfertiges aus der Hand nehmen. Festzuhalten bleibt allerdings, daß ein zeitloser Zustand vor Herausbildung einer Zeit zumindest denkbar ist. Ihn näher zu formulieren ist Teil eines Forschungsprogramms. Dies führt uns auf eine für die Schöpfungstheologie zentrale Frage.

1.4. Existenz und Fortbestehen des Universums

Wir haben gesehen, daß es kosmologisch kein Problem des Anfangs gibt, wenn damit die Frage gemeint ist, was im singulär gedachten Urknall passiert. In der Kosmologie wird vielmehr die Frage nach der physikalischen Struktur des Frühzustandes gestellt. Und die Beantwortung einer solchen Frage kann tatsächlich auch mit den Mitteln der Physik bzw. Astrophysik erfolgreich angegangen werden. „Früh" bezeichnet dabei nur den jeweils am weitesten in der Vergangenheit zurückliegenden Zustand, über den wir noch physikalische Aussagen machen können. Die Vorstellung einer göttlichen Schöpfung als Erschaffung des Universums sollte entsprechend auch nicht als zeitliches Geschehen, sondern als zeitlose Verursachung gedacht werden.

---

26) Zur kritischen Lektüre zum Thema Quantenkosmologie kann der Artikel von Jonathan Halliwell empfohlen werden: J. J. Halliwell, Quantenkosmologie und die Entstehung des Universums, Spektrum der Wissenschaft, Februar 1992, 50-58. Vergleiche auch: C. J. Isham, Creation of the Universe as a Quantum Process, in R. J. Russell, W. B. Stoeger, G. V. Coyne (Eds.), Physics, Philosophy and Theology: A common Quest for Understanding, Vatican City State 1988, Vatican Observatory.

27) Hier zwei Charakterisierungen des Schöpfungshergangs: „Die Schöpfungslehre führt das Dasein der Welt auf Gott als ihren Ursprung zurück, indem sie von der

In den Mittelpunkt rückt dann aus schöpfungstheologischer Sicht[27] die Existenzfrage: „Warum ist überhaupt Seiendes und nicht vielmehr Nichts?" Zu fragen wäre also nicht: „Wie ist die Welt geschaffen worden?", sondern: „Wurde sie überhaupt geschaffen?" Eine mögliche Antwort darauf wäre – als zentrale schöpfungstheologische Aussage – die Annahme einer Erschaffung durch Gott.

Typischerweise wird in einem solchen Bild der „creatio ex nihilo" daran gedacht, daß das Universum in einem Schöpfungsakt, der nicht im einzelnen als physikalischer Prozeß vorgestellt werden muß, durch den verursachenden Gott entstanden ist. Liegt es nahe – gerade auch auf dem Hintergrund der physikalischen Kosmologie – Schöpfung tatsächlich so zu verstehen, daß man Gott als die äußere Ursache für die Existenz des Universums annimmt? Wird durch die Aktivität eines handelnden Gottes eine mögliche Antwort auf die Frage: „Warum ist nicht vielmehr Nichts?" gegeben? Ein Blick auf das methodische Vorgehen in der Physik hilft weiter, die Struktur einer solchen Vorstellung zu erkennen und zu bewerten.[28] Das im folgenden beschriebene Normalzustands-Argument ist kein naturwissenschaftliches Argument, wohl aber kann es an Beispielen aus der Physik veranschaulicht werden. Wir wollen uns zunächst dieser Veranschaulichung zuwenden und dann zur Schöpfungstheologie zurückkehren.

In der Physik gibt es Zustände der Natur, für deren Vorliegen keine Ursache angenommen werden muß. Durch Ursachen zu begründen bzw. auf sie zurückzuführen sind immer nur die Abweichungen von diesen

---

Wirklichkeit Gottes hinüberführt zum Dasein einer Welt. Das geschieht durch die Vorstellung von einem Handeln Gottes, und erst dadurch wird die Welt hinsichtlich ihres Ursprungs aus Gott als Schöpfung bestimmt. Die Welt ist Produkt einer Tat Gottes." (W. Pannenberg, Systematische Theologie II, Göttingen 1991, 15) „Die Welt ist nicht aus einer vorausgesetzten Materie und auch nicht aus dem göttlichen Wesen geschaffen. Sie wurde durch den freien Willen Gottes ins Dasein gerufen: *Creatio e libertate Dei*" (J. Moltmann, Gott in der Schöpfung – Ökologische Schöpfungslehre, München 1985, 88).

28) Ich folge hier teilweise einem Gedanken von Adolf Grünbaum: A. Grünbaum, Origin versus Creation in Physical Cosmology, in L. Krüger und B. Falkenburg (Hrsg.), Physik, Philosophie und die Einheit der Wissenschaften, Berlin u. a. 1995, 121-254. Dieser Gedanke wurde unter anderen von Gereon Wolters wieder aufgegriffen: G. Wolters, Ist der menschliche Leib fromm? – Zur soziobiologischen Religionskritik, Synthesis Philosophica 10 (1995), 145-160.

Zuständen. Diese Zustände können Normalzustände (oder Spontanzustände oder „natürliche" Zustände) genannt werden. Wichtig für das folgende ist nun die Feststellung, daß die Auswahl dieser ausgezeichneten Zustände, die keiner Begründung bedürfen, von Theorie zu Theorie wechselt, also nicht zwingend erfolgt. Ich will hierfür Beispiele angeben:

In der Newtonschen Mechanik und in der Speziellen Relativitätstheorie wird als unbeeinflußte Bewegung eines Massenpunktes, die auch „freie" Bewegung genannt wird, die geradlinige Bewegung mit konstanter Geschwindigkeit angenommen (Konstruktion des Inertialsystems und erstes Newtonsches Axiom). Sie stellt den Normalzustand des Massenpunktes dar, wenn keine Einflüsse auf ihn wirken. Praktisch erreicht wird dieser Normalzustand durch Abschirmen aller äußeren Felder, Beseitigung von Reibung, Stößen von anderen Massenpunkten usw. Daß dies auch tatsächlich gelingt, daß sich also Massenpunkte im Normalzustand experimentell realisieren lassen, ist eine Grundannahme der Theorie, die durch das erste Newtonsche Axiom wiedergegeben wird. Da es sich um ein Axiom handelt, kann eine weitere Begründung nicht gegeben werden. Die Behauptung ist, daß die Natur so ist – ohne daß wir auch nach Ausbau der vollen Theorie sagen könnten oder sagen müßten warum.

Der weitere Ausbau der Theorie benötigt die anfängliche Setzung eines solchen Normalzustandes. Das Verfahren ist dabei wie folgt: Bewegt sich ein Massenpunkt nicht mehr geradlinig gleichförmig, so wird angenommen, daß es dafür nunmehr einer Erklärung bedarf, d. h. daß es hierfür physikalische Ursachen, also einen Einfluß auf den Massenpunkt, gibt. Die Abänderung des Normalzustandes, die sich in diesem Fall in einer Geschwindigkeitsänderung (also einer Beschleunigung) äußert, wird auf das Wirken einer Kraft zurückgeführt, durch die die äußere Einflußnahme repräsentiert wird. Daß dabei noch als Kenngröße für das Punktteilchen die träge Masse eingeführt werden muß, ist Ausdruck des zweiten Newtonschen Axioms. Die Ursachen für die Kraft können dann in gespannten Federn oder bei geladenen Teilchen im Vorliegen von elektromagnetischen Feldern usw. gesucht und in nachfolgenden Theorien, die in diesem Sinne auf der Mechanik aufbauen, im einzelnen beschrieben werden. Eine mögliche Ursache kann insbesondere auch die gravitative Wechselwirkung sein, die sich als Anziehung zwischen Massen äußert.

Wenn man dieses Vorgehen einmal unbefangen betrachtet, fällt sofort auf, daß sich die geschilderte spezielle Newtonsche Wahl des Normalzustandes zwar möglicherweise für die Theorienbildung als sehr geschickt erwiesen hat, daß sie aber jedenfalls recht willkürlich ist. In unserem Alltag machen wir nämlich nicht die Erfahrung, daß Massen, die sich einmal längs einer geraden Linie mit konstanter Geschwindigkeit bewegen, dies auch für alle Zeiten tun. Statt dessen beobachten wir in unserer Umgebung immer, daß sie nach einer gewissen Zeit zur Ruhe kommen. Oder anders gesagt, daß bereits zur Aufrechterhaltung einer konstanten Geschwindigkeit und nicht nur für eine Beschleunigung ein äußerer Einfluß nötig ist. Aus dieser naiven Sicht wäre es daher naheliegender, den Zustand der Ruhe als Normalzustand anzunehmen, der nicht mehr begründet werden kann. Für jede Abweichung davon, also jede Geschwindigkeit ungleich Null, wäre dann eine Einflußnahme anzunehmen, die sich in einer Kraft neuen Typs darstellt und die dann mit Hilfe weiterer Theorien zu erklären wäre. Daß dieser Ansatz, den man auch den Aristotelischen Ansatz nennen könnte, tatsächlich aus guten Gründen nicht verfolgt worden ist, spricht nicht gegen seine prinzipielle Möglichkeit.

Man muß aber zur Veranschaulichung der fundamentalen Bedeutung der Wahl des Normalzustandes nicht bis zu Aristoteles zurückgehen, sondern kann in der modernen Physik bleiben. Der neue Ansatz bei der Formulierung der Allgemeinen Relativitätstheorie besteht gerade darin, daß – verglichen mit den oben genannten Theorien – zu einem neuen Normalzustand übergegangen wird. Man macht also Gebrauch davon, daß der Normalzustand ausgewählt werden kann. Im neuen Zugang ist der Einfluß der Gravitation von vornherein berücksichtigt. Entsprechend wird von einem Punktteilchen angenommen, daß der Zustand frei von allen äußeren Einwirkungen derjenige des freien Fallens ist. Nur die Abweichung von diesem Bewegungszustand, der in dieser Theorie den Normal- oder Spontanzustand darstellt, wird mit Kräften verknüpft, für die Ursachen zu suchen sind. Gravitation kann dann jedenfalls unter diesen Ursachen nicht mehr vorkommen. In dieser Theorie ist sie als eine Kraft eliminiert worden. Da aber die entsprechenden raumzeitlichen Bahnen der Massenpunkte wiederum durch Geraden dargestellt werden sollen, folgt eine Abänderung der Geometrie. Die Teilchenbahnen sind nunmehr die verallgemeinerten Geraden einer gekrümmten Geometrie. Gravitation wird in diesem Sinne durch gekrümmte Raum-Zeit ersetzt. Wie diese Krümmung im einzelnen in Raum und Zeit beschaffen ist, können wir mit Hilfe von Punktmassen im Normalzustand, d. h. in der „freien" Bewegung neuen Typs ausmessen.

Wir sehen also, daß die Vorstellung eines äußeren Einflusses beziehungsweise einer Verursachung unauflösbar mit der Vorstellung des vorausgesetzten Normalzustandes verknüpft ist. Kehren wir zur Schöpfungstheologie zurück und ziehen wir die Konsequenz: Damit Gott äußere Ursache der Existenz der Welt bzw. des Seienden sein könnte, müßte der Normalzustand, der durch sein handelndes Eingreifen abgeändert wird, das Nichts sein.

Dafür aber, daß gerade das Nichts der Normalzustand ist, läßt sich nun aus der Kosmologie tatsächlich keinerlei Hinweis entnehmen. Wenn überhaupt, dann legt die Kosmologie eher die umgekehrte Vermutung nahe und macht sie plausibel. Was immer wir in der rückblickenden Analyse physikalisch beschreiben können, bezieht sich notwendigerweise auf Existierendes. Es ist zu erwarten, daß wir mit fortschreitender Entwicklung der Physik bei der Rückschau nur von dem Anwendungsgebiet der einen physikalischen Theorie in das einer anderen Theorie kommen, ohne in irgendeinem Sinne „das Ende der Physik" und damit den „Anfang des Universums" zu erreichen. Selbst wenn man einen zeitlosen Anfangszustand des Universums einmal wenigstens mathematisch-spekulativ im Rahmen einer zukünftigen Theorie der Quantengravitation formulieren könnte, so wird man sich vor diesem nicht einen Entstehungsprozeß denken. Daher wird durch das Studium der physikalischen Kosmologie eher die Umkehrung der ursprünglichen Fragestellung nahegelegt: Warum sollte der Normalzustand der Welt das Nichts sein und nicht vielmehr ein Zustand, der im Prinzip der physikalischen Untersuchung und Beschreibung zugänglich ist und also z. B. Materie, Energie oder was immer man in einer fortentwickelten Theorie an deren Stelle setzen mag, enthält? Es bleibt daher offen, ob die Welt aus dem Nichts geschaffen wurde. Die Kosmologie legt den Gedanken jedenfalls nicht nahe oder erzwingt ihn gar. Festzuhalten ist: Die Vorstellung eines Gottes als Verursacher des Seins widerspricht der Kosmologie nicht. Die Alternative hierzu ist vor dem Hintergrund des modernen Denkens über den Frühzustand des Universums aber eher plausibel. Moderne Schöpfungstheologie sollte das berücksichtigen.

Auf der Grundlage der bisherigen Überlegungen läßt sich nun in analoger Weise mit den Anschlußfragen umgehen: „Warum geschieht überhaupt etwas und nicht vielmehr nichts?" sowie: „Warum bleibt überhaupt etwas?" Es geht also um das Argument, daß Gott die schon erschaffene Welt „erhält" und sie so vor dem Verschwinden in das Nichts bewahrt und daß er darüber hinaus dafür sorgt, daß sich die Welt „entwickelt". Diese Fragen haben die schon bekannte Struktur. Versuchen wir also noch einmal den gleichen Argumentationsgang: Den Umstand, daß es kosmologisch einen Ablauf der Entwicklung gibt, oder allgemeiner noch, daß es zeitliches Geschehen überhaupt gibt, auf göttliches Einwirken zurückführen zu wollen, hieße, daß der Spontanzustand der naturwissenschaftlich beschreibbaren Natur die Ruhe ist. Wie oben beschrieben entspräche das in der Mechanik gewissermaßen der Aristotelischen Vorstellung. Die Entwicklung der Naturwissenschaften in den letzten Jahrhunderten hat gezeigt, daß es zwar nicht unmöglich ist, hierauf eine Mechanik aufzubauen, daß es aber sehr viel geschickter ist, es nicht zu tun. Die Argumentation endet also wie oben.

In analoger Weise wird auch das Argument fragwürdig, daß Gott die schon erschaffene Welt „erhält", wenn damit gemeint ist, daß er sie vor dem Verschwinden in das Nichts bewahrt. Wiederum ist eine entsprechende Voraussetzung über den Normalzustand der Welt gemacht worden. Hier wird Gott als Begründung für die physikalischen Erhaltungssätze eingesetzt. Daß die Dinge sich in Nichts auflösen können, ist einem naturwissenschaftlich Denkenden allerdings eine höchst unvertraute Vorstellung. Er mag seinen eigenen Tod fürchten, nicht aber das plötzliche Verschwinden des Universums. Die Theologie und insbesondere die Verkündigung bezieht sich gern auf die Gewißheit, daß jeder Mensch einmal sterben muß. Dies ist ein extrem gut belegter naturwissenschaftlicher Erfahrungssatz. Daß die Welt bestand, soweit wir zurückdenken können, ist ebenfalls gut belegt. Die Aussage, daß wir sterben müssen, und die Aussage, daß die Welt weiter bestehen wird, haben aus naturwissenschaftlicher Sicht die gleiche extrem hohe Sicherheit der Prognose.

1.5. Schluß

Siehe, ich mache alles neu.
Apk 21,5

Wir haben mehrere Ergebnisse erhalten. Zunächst ist eine Aussage zu machen, die sich klar aus der heutigen Kosmologie ergibt, die aber eine bestimmte theologische Vorstellung widerlegt bzw. als zu simpel ausweist: Ein anfängliches Handeln Gottes kann nicht in einem singulären Ereignis, das üblicherweise Urknall genannt wird, lokalisiert werden. Das ist einfach deshalb so, weil an die Stelle eines solchen Urknalls heute ein differenziertes Bild von den physikalischen Vorgängen getreten ist.

Wichtig in dem hier diskutierten Zusammenhang ist weiterhin die Einsicht, daß die physikalische Kosmologie keine theologischen Konzepte erzwingt. Von der physikalischen Kosmologie geht keine theologische Botschaft aus. Negativ formuliert besagt dies, daß der kosmologische Blick auf das physikalisch beschreibbare Ganze für die Begründung oder die Bestätigung des Glaubens wenig bringt. Es erweist sich daher, daß die Teile in ihrer Wirkung auf den Menschen offenbar theologisch wichtiger sind als das Ganze. Mehr noch, Kosmologie ist als Erzählung nicht tauglich, um Metaphern oder Bilder der Schöpfung aus ihr zu entnehmen. Die Gleichnisfähigkeit der Kosmologie ist gering. In ihr wird vermutlich zu weit, zu kalt, zu unpersönlich, zu theoretisch, begrifflich, philosophisch gedacht. Die Kosmologie und die durch sie beschriebene Entwicklung der Welt ruft nicht nach einer theologischen Interpretation im Sinne eines Schöpfungshandelns Gottes. In diesem Sinne wird die Theologie von einer vermeintlichen Aufgabe *befreit*. Sie ist also frei, von ihrem eigentlichen Ort auszugehen, und dies ist – meiner Meinung nach – der Mensch. Ich komme noch kurz darauf zurück.

Damit ist die Beschäftigung mit der physikalischen Kosmologie für die Theologie aber nicht überflüssig geworden. Wir haben betont, daß die Naturwissenschaften und damit auch die Kosmologie die Theologie immer auch *binden*: Die Sinndeutung der Welt darf nicht in Gegensatz zur wissenschaftlichen Welterklärung geraten. Widersprüche im strengen Sinne lassen sich allerdings leicht vermeiden. So widerlegt die Kosmologie zum Beispiel nicht die in der Theologie übliche Ansicht, daß das Nichts der Normalzustand ist. Die Schöpfungstheologie mit der

Kosmologie zu vereinbaren, ist tatsächlich also nur eine schwache Bindung der Theologie. Es bleibt aber neben der Forderung nach strenger Widerspruchsfreiheit die sehr viel weichere Forderung nach Plausibilität zu erfüllen. Die Theologie kommt nun einmal nicht umhin, das Schöpfungshandeln Gottes dem modernen Menschen vor dem Hintergrund seines kosmologischen und physikalischen Wissens verständlich zu machen. Es ist praktisch nicht möglich, dieses Wissen in einer anderen „Schublade", sozusagen sauber getrennt von theologisch-religiösen Vorstellungen, unter Verschluß zu halten. Religiöse Aussagen, die naturwissenschaftlich gelesen werden können, müssen sich eine naturwissenschaftliche Interpretation und Überprüfung auch auf der Ebene der Plausibilität gefallen lassen. Die Theologie muß diese Aussagen durch Interpretationen schützen, indem sie verdeutlicht, was eigentlich gemeint ist. Tut sie das nur in theologischen Oberseminaren und Fachaufsätzen und nicht auch in angemessener Form für breite Kreise, so macht sie sich mitverantwortlich für die Ausbreitung des religiösen Zweifels. Selbst der oben angeführte „Physik-Kollege", der aus manchen Gründen zweifelt, muß von der religiösen Botschaft erreicht werden können. Hier ist die Theologie *gebunden*. So muß sie sich auch mit dem auseinandersetzen, was die Kosmologie nur als plausibel nahe legt. Hierin sehe ich eine erst noch zu erfüllende Aufgabe der Theologie.

So wäre zum Beispiel bei der Behauptung, die Welt sei eine Schöpfung Gottes, genau zu sagen, was damit gemeint ist. Insbesondere ist zu klären, ob die beim Gegenüber naiverweise mitschwingenden physikalisch-kosmologischen Assoziationen zugelassen sind oder nicht. Die theologische Argumentation wird man daraufhin befragen müssen, ob sie in ihrer Rede von Gott als dem Schöpfer nicht doch wiederum – vielleicht ja unvermeidlich – die Vorstellung von Gott als demjenigen, der die Existenz bewirkt, indem er die Welt erschafft, als zentrale Aussage an die Spitze stellt. In diesem Fall wäre allerdings genauer zu sagen, wie dennoch der oben beschriebene Themenkreis „Normalzustand" vermieden werden kann. Überhaupt wäre zunächst einmal zu begründen, wieso die Frage danach, wie etwas entstanden ist bzw. wie es geschaffen wurde – und dies ist das zentrale Problem im kosmologischen Kontext –, eine solche fundamentale theologische Bedeutung hat. Auch für Gläubige erhält ein Ding oder ein Mensch seine Würde nicht in abgeleiteter Weise dadurch, daß man sich auf Erzeuger oder Zeuger zurückbesinnt, ohne deren Tun es sie nicht geben würde. Es müßte also theologisch ebenfalls ein anderer Zugang möglich sein. Wie zentral und wie unverzichtbar ist für die christliche Weltdeutung und für den Glauben der Rückgriff auf die Weltentstehung?

Es kann in diesem Aufsatz nicht darum gehen, Aussagen zum Inhalt der christlichen Schöpfungstheologie zu machen. In Überschreitung meiner Kompetenzen möchte ich aber dennoch andeuten, wo ich einen möglichen Ansatzpunkt sehe. Ich meine, daß das Konzept der Erfahrung sowohl für die Naturwissenschaften als auch für die Theologie ein zentrales Konzept ist. Glaube ist aus dieser Sicht eine Antwort auf gewisse Erfahrungen, die einige Menschen als Erfahrungen mit Gott deuten. Naturwissenschaften sind die Antwort auf einen anderen Typ von Erfahrungen. Beide sind aber nicht nur Antwort, sondern auch Ausgangspunkt für neue Erfahrungen. Es geht durchaus um das Problem, wo man den Anfang setzen soll. Glaubenserfahrungen gehen jeweils von der Gegenwart oder einer menschlich überschaubaren Vergangenheit und dem Geschehen im Kleinen aus. Der Frühzustand der Welt im Großen ist in diesem Zusammenhang eher uninteressant. Für den Glauben gibt die Kosmologie nicht die zentralen Grunderfahrungen wieder. Sie berührt sie nicht einmal. Das Reden von Gott als dem Schöpfer sollte daher in der Argumentation nicht von der Weltentstehung ausgehen. Es kann nur vom einzelnen Menschen ausgehen und muß mit der Frage beginnen: „Was wollen mir die Dinge, die Natur, die anderen Menschen und meine Erfahrungen mit ihnen sagen?" Wenn man darüber hinaus zeitlich weit ausgreifen will, dann ist das Ende der Welt theologisch wichtiger als ihr Anfang. Ob dies in der christlichen Schöpfungstheologie auch so gesehen wird, müssen aber die Theologen beurteilen.

2. Widerspiegelung der Kreativität

Neutestamentliche Überlegungen zur kosmologischen Dimension religiöser Sprache und Erkenntnis

von Hans Weder

Interdisziplinäre Arbeit hat dann einen Sinn, wenn sie zur mehrdimensionalen Wahrnehmung der Wirklichkeit führt. Die Überwindung eindimensionaler Wahrnehmung aber kann nur gelingen, wenn die beteiligten Disziplinen ihre Verschiedenheit zum Zuge bringen. Im Unterschied dazu gibt es gegenwärtig die Tendenz, eine Nachbardisziplin zur Sicherung der Resultate der eigenen Disziplin einzusetzen. So treten nicht selten naturwissenschaftliche Bücher mit dem Anspruch auf, theologische Fragen mit den Mitteln der Naturwissenschaft beantworten zu können. Umgekehrt kann man beobachten, daß auch die Theologie manchmal die Naturwissenschaft einsetzt, um ihren Resultaten einen höheren Wahrheitswert zu verleihen. Bei solchen Verfahren handelt es sich nicht um interdisziplinäre Arbeit, sondern darum, die Ergebnisse einer anderen Disziplin direkt auf die eigene zu übertragen.[29]

Wenn christliche Theologie von der Welt handelt, wird sie in jedem Fall von Kreativität reden, von einer schöpferischen Macht, die das Universum nicht nur ins Sein gerufen hat, sondern jeden Tag am Leben erhält. Im Blick auf die Welt wird christliche Theologie von einem kreativen Prinzip reden, von einem lebendig machenden Geist, der das Universum durchdringt und dem Menschen Glauben entlockt. Wenn die Physik von der Welt handelt, redet sie kosmologisch, jedenfalls wenn sie den physikalischen Grenzfall der (einmaligen) Geschichte des Universums in den Blick nimmt, ein Gegenstand, der wohl nicht mehr im strengen Sinne zur Physik gezählt werden kann, da er im ganzen nicht experimentell nachvollziehbar ist. Kosmologie und Kreativität sind Stichworte für eine mehrdimensionale Betrachtung der Welt, der Wirk-

---

29) Zur Kritik dieses Vorgehens am Beispiel der direkten „theologischen" Interpretation physikalischer Feldtheorien vgl. W. Pannenberg, Systematische Theologie, Bd. II, 103.

lichkeit. Mehrdimensionale Wahrnehmung lebt indessen davon, daß die Verschiedenheit der Zugänge zur Wirklichkeit positiv in Anschlag gebracht wird. Darum sollen am Beginn dieser Ausführungen einige Bemerkungen zum erkenntnistheoretischen Ansatz der christlichen Theologie stehen – und zwar aus der Sicht der neutestamentlichen Wissenschaft. Die Erkenntnistheorie gibt ja Auskunft darüber, in welcher Hinsicht genau die Ergebnisse der Theologie vergleichbar sind mit Ergebnissen anderer Disziplinen, hier namentlich mit denjenigen der Physik.

2.1. Zum erkenntnistheoretischen Ansatz der Theologie

(1) Der Ausgangspunkt religiöser Aussagen über den Bereich der Kosmologie ist die Wahrnehmung des Einzelphänomens, die Erfahrung des Menschen mit der Welt. Im Neuen Testament begegnen wir einem Denken, das sich aus der Wahrnehmung des Einzelnen ergibt. Nicht um ein spekulatives Hinausgehen über das Irdische geht es, sondern um die entschiedene Wahrnehmung dessen, was dem Menschen hienieden begegnet. Diese Einstellung auf das Einzelphänomen unterscheidet den religiösen Zugang zur Wirklichkeit fundamental von einem naturwissenschaftlich-empirischen Zugang. Die Wahrnehmung des Einzelnen hat etwas Zufälliges an sich; was im Neuen Testament Erfahrung heißt, darf keinesfalls verwechselt werden mit empirischen Feststellungen. Dies gilt in zweierlei Hinsicht.

Zum ersten beruht die empirische Erkenntnis prinzipiell auf dem Experiment. Die Erfahrung, die hier gemacht wird, ist als experimentelle jederzeit wiederholbar und insofern verfügbar. Im Unterschied dazu ist die religiöse Erfahrung nicht durch das Experiment gekennzeichnet, sondern durch die Kontingenz. Religiöse Erfahrung ist – wie die Lebenserfahrung überhaupt – nicht reproduzierbar; sie verdankt sich dem Einzelphänomen, das von sich aus erscheint und das aufmerksam wahrgenommen werden will. Experimentelle Erfahrung macht sich die Phänomene verfügbar, religiöse Erfahrung dagegen ist angewiesen auf deren kontingentes Sich-Zeigen. Ein extremes Beispiel ist – in der christlichen Theologie – die Epiphanie des Christus. Die Erscheinung des Christus entzieht sich jeder experimentellen Verfügung. Sie ist, als geschichtliches Geschehen, prinzipiell nicht wiederholbar, auch wenn sie nicht weniger zu denken gab und gibt als die größten Experimente der Menschheit. Was immer dabei der Phantasieanteil der Menschen gewesen sein mag, in der Person Christi hat eine Wahrheit das Licht der Welt erblickt, die keinem experimentellen Verfahren zu verdanken ist. Es ist eine unwiederholbare Lebens-Erfahrung.

Zum zweiten hat die experimentelle Erfahrung eine fundamental andere Einstellung zum Einzelnen. Einzelphänomene fungieren in der experimentellen Wahrnehmung grundsätzlich als Beispiele, welche zusammengenommen eine Theorie als evident erscheinen lassen. Naturwissenschaftliche Erkenntnis richtet sich nicht primär auf die Wahrnehmung des Einzelnen, sondern auf die Formulierung einer Theorie, in deren Rahmen die Einzelphänomene eben Exempla, Beispiele abgeben. Religiöse Erfahrung konzentriert sich demgegenüber ganz auf das Einzelne. Christus könnte nie als Beispiel für eine Theorie über Gott dienen; er wird im Neuen Testament vielmehr als die Verkörperung des höchsten Gottes wahrgenommen. In ihm, diesem Einzelnen, zeigt sich nach dem Glauben der neutestamentlichen Zeugen, was die Welt in ihrem Innersten zusammenhält. Während die experimentelle Erkenntnis auf die Formulierung von Theorien aus ist, geht es der religiösen Erkenntnis primär um die Erkenntnis des Einzelphänomens, etwa des Christus.

Wenn also in der Theologie kosmologische Aussagen gemacht werden, so entstehen sie nicht auf dem Wege der Abstraktion aus einer Fülle von Einzelphänomenen, sondern kosmologische Aussagen werden notwendig, weil der Christus im Vordergrund der Welt unendlich wichtig genommen wird. In ihm sieht der Glaube nicht nur einen Menschen, sondern das kosmologische Prinzip, den verkörperten Ursprung der Welt. Solche Aussagen werden namentlich in den neutestamentlichen Hymnen gemacht, wo es darum geht, die Tiefendimension des Christus auszuloten.[30]

(2) Manche religiösen Systeme nehmen ihren Ausgangspunkt in der jenseitigen Welt des Geistes, etwa in der Reinheit einer Ideenwelt. Für solche Systeme steht dann die Kosmologie in einem ganz bestimmten Kontext. Kosmologisch reden sie im Zusammenhang der Frage, wie es überhaupt von der Reinheit des Geistes zur Unreinheit des Materiellen, von der Klarheit der Ideen zum Gemenge der Welt gekommen ist

---

30) Vgl. Joh 1,1-18; Phil 2,6-11; Kol 1,15-20; Hebr 1,2 f.; 1 Tim 3,16.

(eine solche Kosmologie ist zum Beispiel beim jüdischen Religionsphilosophen Philo anzutreffen, der um die Zeitenwende in Alexandria wirkte). Die Kosmologie hat in diesem Zusammenhang die Aufgabe zu erklären, wie aus der vollendeten Welt des Geistes die hinfällige Welt der Materie geworden ist. Meistens sprechen solche Systeme dann von einem Schöpfergott, einem Demiurgen, der für zwei Merkmale der Welt verantwortlich ist: Weil er bei der Schöpfung auf die Ideen geblickt und die Dinge nach ihrem Plan erstellt hat, hat selbst die niederste Materie ihre relative Ordnung. Und weil die Materie eben nicht vollkommen genug war, die Welt der Ideen verlustfrei abzubilden, hat die materielle Welt eine gewisse Problematik und Unvollkommenheit.

Das Neue Testament, und darin liegt eine große Gemeinsamkeit mit dem Alten Testament, der Hebräischen Bibel, unterscheidet sich in charakteristischer Weise von religiösen Systemen dieser Art. Es ist nicht mit der Frage beschäftigt, wie es vom geistigen Gott zur materiellen Welt gekommen ist, sondern vielmehr mit der Frage, wie der Mensch der Würde des Gegebenen überhaupt gerecht werden kann. Nach Röm 1,20 sind die Dinge der Welt ποιήματα, Geschöpfe, in denen die immerwährende Macht und Gottheit Gottes anschaulich ist.[31]

Paulus spricht diese geschöpfliche Dimension der Dinge an, weil er damit ihre eigentümliche Würde zum Ausdruck bringen kann. Vom Schöpfer spricht er, um die Würde des Geschaffenen sicherzustellen und nicht etwa, um von der vordergründigen Sinnenwelt loszukommen. Ziel theologischer Kosmologie ist also nicht, die Welt des Geschaffenen zu verlassen und in die hohen Sphären des Schöpfers aufzusteigen, sie dient vielmehr dazu, dem Menschen die Würde und Unantastbarkeit dessen vor Augen zu führen, was vor aller Augen ist. Die Bewegung der kosmologischen Aussagen zielt auf den Vordergrund der Welt, nicht auf die Hintergründe des Himmels. Eine so ausgerichtete theologische Kosmologie beschäftigt sich nicht mit den geistigen Höhen des Himmels, sondern mit dem Gewicht der Dinge in den Niederungen des Alltäglichen.

---

31) Vgl. zur Stelle: H. Schlier, Der Römerbrief, Freiburg-Basel-Wien 1977 (HThK VI), 52-54; U. Wilckens, Der Brief an die Römer. 1. Teilband: Röm 1-5, Zürich-Einsiedeln-Köln-Neukirchen-Vluyn 1978 (EKK VI/1), 105 f.

(3) Das Neue Testament macht, auch darin in Übereinstimmung zum Alten, einen fundamentalen Unterschied zwischen Welt und Gott, zwischen Immanenz und Transzendenz. Deshalb werden die Dinge der Welt, so hoch ihre Würde auch geschätzt werden mag, konsequent als Dinge der Welt wahrgenommen. Kosmologie ist und bleibt Kosmologie, nirgends wird sie zur versteckten oder offenen Theologie. Das Göttliche erscheint nicht in weltlicher Gestalt. – Die einzige, aber auch wirklich einzige Ausnahme ist die Menschwerdung des göttlichen Wortes: die Inkarnation. – Deshalb ist das Göttliche dem menschlichen Auge nicht zugänglich; soweit die Wahrnehmung der Augen reicht, wird immer nur Weltliches gesehen.

Dennoch spricht das Neue Testament von der Anschaulichkeit der Macht und Gottheit Gottes. Diese Anschaulichkeit gilt jedoch nicht für die Augen (und überhaupt nicht für die Sinnesorgane) des Menschen. Sie entsteht vielmehr dann, wenn das mit den Augen Gesehene in der Vernunft bedacht wird. Das Unsichtbare, das zu Gott gehört, die unsichtbaren Dinge des Himmels, so lautet eine Aussage des Paulus, werden seit der Erschaffung der Welt geschaut in dem, was die menschliche Vernunft aufgrund der Werke Gottes bedenkt (Röm 1,20). Der unsichtbare Gott wird der Vernunft anschaulich, welche sich im Nachdenken auf die Gegebenheiten der Welt einläßt. Anschaulich ist das Göttliche in einer Tiefendimension, die einzig der nachdenklichen Vernunft zugänglich ist. Die Dinge der Welt liegen vor aller Augen, ihre Erkenntnis hat etwas Zwingendes an sich. Das die Welt begründende Geheimnis dagegen ist unsichtbar, nur der Vernunft erschwinglich, die sich in Glaube, Hoffnung und Liebe auf die Tiefendimension der Welt einläßt.

Die Erkenntnis Gottes hat, im Unterschied zur erzwingbaren Erkenntnis der Welt, etwas prinzipiell Ungezwungenes an sich. Zur Wahrheit Gottes gehört elementar, daß sie sich dem Menschen nicht aufzwingen kann. Denn diese Wahrheit müßte sofort sterben, würde sie jemandem aufgezwungen. Das göttliche Geheimnis lebt davon, daß es das freie Einverständnis der Vernunft findet. Religiöse Kosmologie hat deshalb, im Unterschied zu jeder Macht des Faktischen, die Gestalt prinzipieller Ungezwungenheit. Religiöse Kosmologie lebt vom Einverständnis jedes einzelnen Menschen. Im Unterschied zu einer systematischen Kosmologie, die ihre Richtigkeit notfalls gegen Widerstände durchsetzen kann und am Verhältnis allfälliger Empfänger zu ihr überhaupt nicht interessiert ist, ist die religiöse Kosmologie von prinzipiell anredender Gestalt: Sie spricht nicht über die Welt, sondern spricht den Menschen auf eine bestimmte Wahrnehmung der Welt an. Ihre Wahrheit ist demnach grundsätzlich anders als die der Naturwissenschaft, da diese auf dem Erzwingbaren (etwa der mathematischen Modellierung) beruht. Gegen das Zwingende der Mathematik und Physik ist nichts einzuwenden. Hingegen wäre es problematisch, den Begriff des Vernünftigen auf das Erzwingbare zu restringieren, während man alles andere dem Bereich der Beliebigkeit oder des persönlichen Geschmacks zuweist. Es gibt einen Status von Wahrheit, der weder der Notwendigkeit des Beweises noch der Beliebigkeit des Geschmacks unterworfen ist, sondern den Menschen auf konkrete Erfahrung und deren Bedeutung anspricht. Angesichts solcher Wahrheiten entsteht überhaupt erst ein Freiraum für ein menschliches Ja, das diesen Namen verdient. Auch das ungezwungene Einverständnis hat das Potential in sich, zum Gegenstand vernünftiger (und also nicht einfach beliebiger) Reflexion zu werden.

(4) Kennzeichnend für die christliche Theologie ist es, einen Unterschied zu machen zwischen Schöpfung und Welt, zwischen κτίσις und κόσμος. Auch in dieser Differenzierung zwischen Kosmologie und Schöpfungslehre unterscheidet sich der theologische vom naturwissenschaftlichen Zugang zur Kosmologie. Denn in naturwissenschaftlicher Hinsicht gibt es nur den Kosmos, und wenn in diesem Zusammenhang von Schöpfung geredet würde, so wäre der Kosmos identisch mit der Schöpfung. – So wird übrigens in der heutigen ökologischen Diskussion häufig das Wort Schöpfung oder Geschöpf für die Welt gebraucht; auch hier wird also kein Unterschied zwischen Natur und Schöpfung gemacht. – Die religiösen Texte aus der jüdischen und der christlichen Tradition wissen dagegen etwas von dem Riß, der das Universum durchzieht. Schöpfung ist die Welt, wie sie ursprünglich von Gott erschaffen wurde; von der Schöpfung gilt der cantus firmus des „Und Gott sah, daß es gut war", der den Schöpfungsbericht der Priesterschrift charakterisiert. Schöpfung heißt die Welt, sofern sie dem Menschen Heimat ist, gottgewollter Lebensraum.

Zu dieser Schöpfung hat die Welt, wie sie jetzt ist, einen gewissen Abstand. So spricht etwa Paulus von der seufzenden Kreatur, von der unter der Vernichtung und der Verkehrtheit leidenden Schöpfung, und von der großen Sehnsucht nach Befreiung vom Nichtigen, welche die ganze Schöpfung durchzieht. In zahlreichen Texten wird dieser Riß im Universum in einen Zusammenhang mit dem Menschen gebracht: Mythisch wird vom Fall Adams erzählt, der die ganze Schöpfung mit in den Abgrund gerissen hat. In diesem Gedanken ist die meines Erachtens nach wie vor bedenkenswerte Einsicht aufbewahrt, daß der Mensch aus den Bedingungen der Natur herauszutreten die Freiheit hat und daß er diese Freiheit – im Wahn, sich an die Stelle Gottes setzen zu können – nur allzu oft zum Verderben der Welt ausspielt. Im mythischen Gedanken von Adams Fall ist die Einsicht aufbewahrt, daß der Mensch im Widerspruch zu sich und seinen Lebensgrundlagen stehen kann.

Wie immer man sich dazu stellen mag, die Welt ist theologisch gesehen nicht identisch mit der Schöpfung.[32] Zwar besteht kein radikaler Dualismus zwischen Schöpfung und Welt, da die Welt gleichsam die Spuren der Schöpfung noch immer in sich trägt. Aber dennoch kann man die Welt nicht einfach Schöpfung nennen. Die Welt gleicht, mit einer Metapher gesprochen, einem verwilderten Garten:[33] Im Gemenge der Wildnis erahnt man noch immer den Garten, der von dieser Wildnis überwuchert wird. Dieser Unterschied zwischen Schöpfung und Welt ist gerade im interdisziplinären Gespräch stets in Erinnerung zu halten, da es sonst zu Aequivokationen kommt, welche fast unlösbare Probleme hervorrufen.

(5) Der fundamentale Unterschied zwischen den Naturwissenschaften und der Theologie besteht darin, daß die ersteren die Welt per definitionem säkular beschreiben und erklären, während die letztere dadurch charakterisiert ist, daß sie von Welterfahrungen nur im Zusammenhang mit Gotteserfahrung spricht. Aus dieser Differenz lassen sich zwei Bedingungen formulieren, die jeden Dialog unmöglich machen würden: (1) Wenn die Naturwissenschaft den Anspruch erheben würde, ihre säkulare Konstruktion der Wirklichkeit sei die Wirklichkeit selbst;

---

32) Auf diesen Unterschied macht Dalferth, Schöpfung, aufmerksam, wenn er auf die Differenzerfahrungen zwischen Welt und Schöpfung hinweist und feststellt: „Die Welt als gute Schöpfung Gottes zu titulieren, spricht dieser mehr zu als unsere Erfahrung belegt" (ebd., 18).

33) E. Fuchs, Hermeneutik, Tübingen ⁴1970, 67 f.; vgl. auch Chr. Link, Die Transparenz der Natur für das Geheimnis der Schöpfung, in: G. Altner (Hrsg.), Ökologische Theologie. Perspektiven zur Orientierung, Stuttgart 1989, 166-195.

denn damit wären alle theologischen Aussagen als wirklichkeitsfremd ausgeschlossen. (2) Wenn die Theologie den Anspruch erheben würde, daß transzendente Faktoren für die Beschreibung der Wirklichkeit unerläßlich seien; denn damit wäre jeder säkulare Zugang zur Wirklichkeit falsch und unangemessen.

Soll diese Verunmöglichung des Dialogs vermieden werden, müssen die folgenden zwei Bedingungen erfüllt sein: (1) Die Naturwissenschaft muß sich der Grenzen ihrer Konstruktion von Wirklichkeit bewußt bleiben und anerkennen, daß die Wirklichkeit grundsätzlich offen ist für tiefere, gegebenenfalls religiöse Dimensionen. (2) Die Theologie hat das Wort Gott so zu gebrauchen, daß es nicht zu einem notwendigen Faktor der Welterklärung verkommt, sondern einer Dimension zum Ausdruck verhilft, welche die Wahrnehmung der Welt bereichert (und also nicht notwendig ist). Die Theologie darf religiöse Kategorien nicht so gebrauchen, daß dadurch eine säkulare Erklärung der Welt ausgeschlossen wird.

In der Sprachphilosophie und in der neutestamentlichen Gleichnisauslegung hat eine Sprachform Aufmerksamkeit gefunden, die ein interessantes Modell für die Zuordnung von Theologie und Naturwissenschaften darstellt: die Metapher oder die metaphorische Prädikation. Die Metapher ist kennzeichnend für die religiöse Sprache und dazu geeignet, die Transzendenz zur Sprache zu bringen, ohne die Unsagbarkeit des Göttlichen anzutasten. Die Grundform einer Metapher besteht aus einem Subjekt, dem mittels einer Kopula ein bestimmtes Prädikatsnomen beigesellt ist. Die Metapher „Die Natur ist ein Tempel"[34] bringt zwei Größen in einen Zusammenhang, die eigentlich nicht zusammengehören und die in begrifflicher oder theoretischer Sprache nicht in einer Prädikation vereinigt werden könnten. Die Natur ist nicht wirklich ein Tempel, und der Tempel ist nicht wirklich das Prädikat des Subjekts Natur. Und dennoch besteht der semantische Wert der Metapher genau in der Tatsache, daß zwischen Subjekt und Prädikat eine unüberwindbare Spannung besteht. Das bedeutet unter anderem: Die prinzipielle Unvereinbarkeit von Subjekt und Prädikat ist ein hermeneutischer Vorteil (und nicht etwa ein Nachteil); sie weist ein hermeneu-

---

34) Zum Folgenden vgl. H. Weder, Neutestamentliche Hermeneutik, Zürich [2]1989 (ZGB), 155–166.

tisches Potential auf. Deshalb ist die metaphorische Prädikation ein vielversprechendes Modell, die Beziehung zwischen Naturwissenschaft und Theologie zu klären.

Zum Wesen einer religiösen Metapher gehört es, daß sie ein transzendentes Subjekt mit einem immanenten Prädikat in Beziehung setzt. In den Gleichnissen Jesu zum Beispiel wird dem Subjekt Reich Gottes eine weltliche Geschichte als Prädikat beigegeben. Der semantische Wert des Gleichnisses beruht wesentlich darauf, daß die prinzipielle Differenz zwischen dem Reich Gottes und der weltlichen Geschichte im Bewußtsein ist. Deshalb ist die Weltlichkeit der Welt eine aussichtsreiche Voraussetzung für den Gebrauch des Wortes Gott. Die metaphorische Prädikation in religiöser Sprache hat ein positives Verhältnis zur Weltlichkeit der Welt, wie sie auch im Rahmen der Naturwissenschaft zur Erkenntnis kommt. Die Metapher hat das Vermögen, vom Göttlichen im engen Kontakt mit der Welt zu sprechen. Sie wahrt die Unsagbarkeit des Göttlichen so, daß sie es nicht einfach verschweigt, sondern das Göttliche in die Bilder der Welt einbringt und zugleich die prinzipielle Differenz zwischen Welt und Gott mitsagt. Die religiöse Metapher hat nicht zum Ziel, die weltliche Beschreibung von Erfahrung zu ersetzen, sie erschließt oder entdeckt vielmehr eine Tiefendimension an der weltlichen Wirklichkeit. Sie vermag die Weltlichkeit zu respektieren und dennoch die Transzendenz in einem tiefen Sinn des Wortes aufscheinen zu lassen.

Angesichts dieser Charakteristik der Metapher ist deutlicher geworden, weshalb es vielversprechend erscheint, die metaphorische Prädikation als Modell heranzuziehen, um das Verhältnis von Theologie und Naturwissenschaften zu begreifen. Theologie und Naturwissenschaften sind aufeinander bezogen analog dem Verhältnis von Subjekt und Prädikat in der metaphorischen Prädikation. Entsprechend dem Grundzug der religiösen Metapher kann die Theologie dem Subjekt, die Naturwissenschaft dem Prädikat zugeordnet werden; denkbar wäre freilich auch eine umgekehrte Anordnung (sie wäre bedeutend näher bei der natürlichen Theologie als die vorliegende Zuordnung). Diese Zuordnung erlaubt es, die Tatsache besser zu respektieren, daß das Reden von Gott sich nicht von selbst aus dem Reden über die Welt ergibt.

Wenden wir das skizzierte Modell auf ein Beispiel an. Wer theologisch von Kreativität redet, redet von eschatologisch Neuem, von einer

Neuheit,[35] die das Alte allererst zum Alten werden läßt. Wo der Mensch von der Kreativität Gottes berührt wird, geschieht – wie Paulus in 2Kor 5,17 sagt – neue Schöpfung, endgültig Neues, das nicht veralten kann.[36] Obwohl diese Kreativität Gottes sich prinzipiell von der Kreativität unterscheidet, die in der Welt vorkommt, ist es dennoch sinnvoll, auf weltliche Erfahrungen der Kreativität zu rekurrieren, um ein Bild vom schöpferischen Gott zu gewinnen. Die Entstehung des endgültig Neuen ist nicht ohne Beziehung zur Entstehung von vorläufig Neuem in der Welt. Die entsprechende metaphorische Prädikation würde lauten: „Das göttliche Schaffen von endgültig Neuem ist (wie) die Entstehung von Neuem (in der Welt)." Wird dieser Satz streng metaphorisch verstanden, bezieht er seinen semantischen Wert von der unüberwindlichen Differenz zwischen dem göttlichen Schaffen von endgültig Neuem einerseits und der Entstehung von weltlich Neuem andererseits. Um dem (im Rahmen des Stils verstandenen) Bild genaue Konturen zu geben, ist es sinnvoll, sich mit dem naturwissenschaftlichen Konzept der Entstehung von Neuem zu beschäftigen.

Dieses Konzept existiert in der Tat, zum Beispiel im Bereich der Astrophysik. Ein Stern entsteht aufgrund zufälliger Fluktuationen in Nebeln aus interstellarem Gas.[37] Das Neue, das hier entsteht, kann nicht aus dem Alten abgeleitet werden; der entstandene Stern ist neu im Sinne eines unvorhersagbaren Ereignisses, einer Überraschung (die man theologisch als Kontingenz bezeichnen würde). Neu ist er auch in dem Sinne, daß die alte Materie in eine neue Struktur transformiert worden ist; das Alte ist zwar ein Teil des Neuen, aber es ist im Prozeß der Entstehung des Sterns nicht dasselbe geblieben. Das so entstehende Neue kommt nicht überall vor – es erscheint an bestimmten Orten unter

---

35) Zum Problem vgl. E. Jüngel, Das Entstehen von Neuem, in: ders., Wertlose Wahrheit. Zur Identität und Relevanz des christlichen Glaubens. Theologische Erörterungen III, München 1990 (BEvTh 107), 132-150, besonders 142: „Was im theologisch strengen Sinne neu genannt zu werden verdient, ist auf jeden Fall ein Prädikat des göttlichen Handelns."

36) Zu den wichtigsten Dimensionen des Gedankens der neuen Schöpfung vgl. S. Vollenweider, Freiheit als neue Schöpfung. Eine Untersuchung zur Eleutheria bei Paulus und in seiner Umwelt, Göttingen 1989 (FRLANT 147), 397-406.

37) Dazu A. Benz, Die Zukunft des Universums. Zufall, Chaos, Gott?, Düsseldorf ²1998, 22-24.

bestimmten Bedingungen eines Ungleichgewichts.[38] Es entsteht nicht auf beliebige, aber dennoch spontane Weise. Dieser Vorgang kann in allen Systemen beobachtet werden, die durch Selbstorganisation gesteuert werden. Insofern können wir feststellen, daß die Entstehung von Neuem tatsächlich ein charakteristisches Moment des sich entwickelnden Universums ist.[39]

Kehren wir zurück zur metaphorischen Prädikation: „Das göttliche Schaffen von endgültig Neuem ist (wie) die Entstehung von Neuem (in der Welt)." Zum Konzept des Stils gehört das Bild insofern, als es die Entstehung des Neuen nicht einfach abbildet, sondern das in ihr Wirkende benennt, den endgültig Neues Schaffenden, Gott. Diese Metapher ist nur solange sinnvoll, als die prinzipielle Differenz zwischen dem *geschaffenen* und dem *entstandenen* Neuen im Bewußtsein bleibt. Göttliches Schaffen ist dadurch charakterisiert, daß Gott aus dem Nichts etwas entstehen läßt. Die Entstehung von Neuem ist, gemäß naturwissenschaftlicher Erkenntnis, dadurch gekennzeichnet, daß etwas Neues und Unerwartetes durch einen Prozeß der Transformation (des Alten) ins Sein kommt. Die fundamentale Spannung der Metapher besteht demzufolge in der Spannung zwischen Schöpfung und Transformation. Diese Spannung kann niemals überwunden werden, sie ist vielmehr notwendig, damit die Metapher sagen kann, was sie sagen will. Deshalb kann man sagen, die Stärkung jener Spannung zwischen Subjekt und Prädikat durch die Wahrung jener besagten prinzipiellen Differenz sei eine wichtige Frucht der theologischen Rezeption naturwissenschaftlicher Erkenntnisse. Damit wird ein Beitrag zur Kultur der religiösen Sprache geleistet.

Zwischen Subjekt und Prädikat der Metapher besteht ein wechselseitiger Erschließungsprozeß: Das Prädikat gibt das Subjekt, das Subjekt aber auch das Prädikat neu zu verstehen. Die Entstehung des Neuen, um damit zu beginnen, erschließt die Kreatur Gottes als etwas, welches das Vorhersehbare transzendiert, sofern das Neue als eine Überraschung erscheint, als etwas Unvorhersehbares, selbst wenn dabei keine anderen

---

38) Benz, Zukunft des Universums, 129.

39) Benz, Zukunft des Universums, 130 f., weist darauf hin, daß diese Entwicklung zu gewissen Zeitpunkten durch neuartige Prozesse vorangetrieben wurde und sich so sprungartig selber entwickelte.

als die bekannten Naturgesetze am Werk waren. Es erschließt das Schaffen Gottes ferner als etwas, das Raum für die Zukunft öffnet (vergleichbar der grundsätzlichen Offenheit des kosmischen Entwicklungsprozesses, der erst wissenschaftlich erklärt werden kann, wenn er bereits eingetreten ist). Diese Eigenschaften des Prädikats sind keine bloßen Illustrationen des göttlichen Schaffens, sondern Interpretationen, welche den Wahrheitsanspruch der religiösen Aussage vom göttlichen Schaffen in einem gewissen Maße zu tragen haben. Sie sind nicht bloße Bilder oder Zeichen einer ganz anderen Wahrheit, sondern sie verankern den Gedanken vom göttlichen Schaffen im Bereich der Welterfahrung.

Um die Bedeutung dieses Elements der Metapher zu ermessen, können wir fragen, welchen Unterschied es macht, ob die grundlegende Offenheit des Universums existiert oder nicht. Selbstverständlich wären auch in einem Uhrwerk-Universum theologische Aussagen über den Schöpfer möglich. Doch was er schafft, wäre etwas radikal anderes als alles, was in der Welt entsteht. Denn im Unterschied zur Welt, in der nach dieser Vorstellung nur Vorhersehbares entstehen kann, müßte das endgültig Neue das schlechthin Unvorhersehbare sein. Göttliches Schaffen wäre dann etwas, was in radikaler Alternative zur Entstehung der Dinge in der Welt stünde. Wenn indessen die Entstehung von Neuem im oben beschriebenen Sinne eingebettet ist in den Prozeß des offenen Universums, dann kann die Entstehung von Neuem zu einem Bild für das göttliche Schaffen werden, dessen Verhältnis zu diesem Schaffen sowohl durch Aspekte der Diskontinuität wie Aspekte der Kontinuität geprägt ist. So schwer dieses Verhältnis auch zu fassen sein mag; es kann weder als rein negatives noch als rein positiv-identifizierendes sinnvoll begriffen werden.

Das Subjekt „göttliches Schaffen von endgültig Neuem" erschließt andererseits die weltliche Entstehung von Neuem als einen Prozeß, dessen Bedeutung weit über die besondere kosmologische Entwicklung hinausgeht. Das Subjekt erschließt das Prädikat neu als eine Spur göttlicher Kreativität, es erschließt den weltlichen und vorläufigen Prozeß der Entstehung von Neuem in seiner Bedeutung für das Göttliche und Endgültige. Diese Erschließung erlaubt uns, nicht nur das Neue und dessen Entstehung wahrzunehmen, sondern dabei an den Schöpfer dieser Entstehung zu denken. Sie erlaubt einen Glauben, der im Prozeß der Entstehung des Neuen eine Wahrheit erkennt, welche die ganze Welt und das Dasein des Glaubenden durch ihr künftiges Nichtsein hindurchträgt.

Um diesen gegenseitigen Erschließungsprozeß besser zu erkennen und auszuloten, ist im Dialog zwischen Theologie und Naturwissenschaften noch viel Arbeit zu leisten. Nur wenn beide Zugänge zur Wirklichkeit ihre Eigenart und Ausrichtung behalten, sind sie in fruchtbarer Weise aufeinander bezogen, so daß weder die Naturwissenschaft fromm zu werden braucht, noch die Theologie atheistisch.[40]

Zum Wesen der metaphorischen Prädikation gehört es, daß sie etwas als etwas zu verstehen gibt, in unserem Beispiel: Sie gibt die Entstehung von Neuem zu verstehen als Spur der göttlichen Kreativität, die endgültig Neues schafft. Es ist von größter Bedeutung, daß dieser Prozeß, in dem etwas als etwas neu zu verstehen gegeben wird, keinerlei logische Notwendigkeit hat. Die Entstehung des Neuen kann ganz gut ohne Rekurs auf die göttliche Kreativität verstanden werden. Das Subjekt ersetzt nicht das weltliche Verständnis des Prädikats, statt dessen unternimmt es den Versuch, jenes zu vertiefen. Und diese Vertiefung kann wesentlich nur dann geschehen, wenn keinerlei logischer Zwang angewendet wird. Schon die pure Tatsache, daß es eine naturwissenschaftliche Beschreibung des Phänomens gibt, sorgt für die Vermeidung des Zwingenden. Das tiefere Verstehen, das durch die Metapher intendiert wird, ist ein angebotenes, kein erzwungenes. Das Angebot, das es macht, führt als solches in einen Raum für menschliche Freiheit, in welchem es allererst möglich wird, die Tiefendimension der Welterfahrung zu erkennen, in einen Raum, in welchem die Freiheit zu glauben tatsächlich existieren kann. Um dieser Freiheit willen muß jeder Versuch, die Wahrheit des Glaubens mit naturwissenschaftlichen Mitteln beweisen zu wollen, unterlassen werden. Und um der Sachlichkeit der Naturwissenschaft willen muß auf den Versuch, die Sachaußagen der Naturwissenschaft mit theologischen Mitteln zu korrigieren, verzichtet werden. Beides wird in einem offenen und freien Dialog unterbleiben, einem Dialog nach der oben skizzierten metaphorischen Prädikation. Sie kann als Modell für die Zusammenarbeit von Naturwissenschaft und Theologie dienen: es ist die Aufgabe der Naturwissenschaft, die

---

40) Vgl. dazu W. Pannenberg, Theologie der Schöpfung und Naturwissenschaft, in: Mensch und Universum, 148-150.

Theologie von zwingenden Strategien abzuhalten, und es ist die Aufgabe der Theologie, die Naturwissenschaft daran zu erinnern, daß die Freiheit zu tieferen Deutungen existiert, und sie dadurch vor der Versuchung des Reduktionismus zu bewahren, welcher weder der Wissenschaft gut tut noch denen, die sie betreiben.

2.2. Schöpfung und Ursprung

Es ist eine natürliche Vorstellung, daß die Rede vom Schöpfer primär die Funktion hat, den Ursprung der Welt zu erklären. In diesem Zusammenhang hat die in bestimmten physikalischen Theorien auftretende Metapher des Urknalls eine geradezu magische Anziehungskraft für viele religiös Interessierte erhalten. Der Urknall wird unversehens zum Begriff für den Schöpfungsvorgang. Die Vorstellung, wonach der Schöpfergott den Ursprung der Welt zu erklären hat, stimmt freilich nicht mit dem Selbstverständnis alt- und neutestamentlicher Texte überein. Zwar hat die Schöpfungsaussage durchaus mit dem Ursprung oder dem Ursprünglichen zu tun, sie hat aber dennoch eine ganz andere Stoßrichtung. Ihr geht es, auch wenn sie vom Ursprung spricht, nicht um eine Erklärung der Tatsache, daß es die Welt gibt. Das soll an einem für das Gespräch über die Kosmologie wichtigen Text, dem Prolog des Johannesevangeliums, gezeigt werden.

„Im Anfang war der Logos, und der Logos war auf Gott hin orientiert,[41] und Gott (von Art)[42] war der Logos." Der Logoshymnus greift bis auf den absoluten Ursprung zurück, er thematisiert das Unvordenkliche, das also, hinter das kein Denken zurückgehen kann, weil das Denken selbst von diesem Unvordenklichen lebt. Unvordenklich[43] zu

---

41) Die Präposition πρός mit Akkusativ bezeichnet die Richtung, die das Sein des Logos hat. Gegen R. Schnackenburg, Das Johannesevangelium, I. Teil: Einleitung und Kommentar zu Kap. 1-4, Freiburg-Basel-Wien ⁵1981 (HThK IV/1), 210; Y. Ibuki, Marginalien zum Logoshymnus, Bulletin of Seikei University 22 (1985), 91.

42) Das artikellose θεός zeigt erstens an, daß der Logos Subjekt ist, und daß zweitens keine Identifikation mit der Person Gottes vorliegt, sondern daß der Logos von Gottes Art ist (von welcher es nur eine gibt).

43) Zu betonen ist, daß der Logos „immer schon" war; es geht nicht bloß um seine Priorität vor dem Geschaffenen. Zur notwendigen Kritik am linearen Zeitverständnis, in dessen Rahmen das „im Anfang" gar nicht verständlich wäre, vgl. Ibuki, Marginalien, 93-97.

heißen verdient das Grundlegende, das durch kein Denken mehr erschaffen werden kann, weil das Denken sich selbst eben jenem Grundlegenden verdankt. Unvordenklich ist also der Logos, das Sein des
Logos mit Gott und das Gottsein des Logos. Der Logos steht für das
Wesen Gottes, sofern es spricht, sofern es auf die Welt zugeht, der Welt
zugewandt ist. Eben dieses der Welt zugewandte Wesen Gottes ist unvordenklich; Gott läßt sich nach diesem Hymnus nur denken als ein
Wesen, das immer schon der Welt zugewandt ist.

Auf den ersten Blick könnte man denken, der Hymnus sei ein
Dokument religiöser Spekulation über die Ursprünge des Universums.
Doch wenn man ihn genauer analysiert, zeigt sich eine ganz andere Ausrichtung. „Und der Logos ward Fleisch und wohnte unter uns, und wir
sahen seine Herrlichkeit ..." (1,14). Hier, auf dem Höhepunkt des Hymnus, erkennen wir zugleich sein sachliches Anliegen. Es geht ihm darum, die Würde[44] des Menschen Jesus festzuhalten und zu besingen.
Wenn der Prolog vom Sehen der Würde Gottes spricht, handelt es sich
um ein Sehen, welches das Gesehene nicht auf die faktische und vorder-
gründige Erscheinung beschränkt. Das hier gemeinte Sehen ist vergleichbar etwa einem Kunstwerk, das die Welt nicht nur abbildet, sondern etwas von ihrer Würde, ihrem Gewicht darzustellen vermag. Wer
so sieht, sieht den Stil der Welt. Man könnte dieses Sehen ein schöpfer-
isches Sehen nennen, ein Sehen nämlich, das den Menschgewordenen
im Horizont des kreativen Gottes wahrnimmt, das im Menschgewordenen das schöpferische Prinzip erkennt, dem er sein Dasein verdankt.
Um die Würde dieses Menschen,[45] eben die Doxa, die der Glaube in

---

44) Δόξα ist vom hebräischen Kabod her zu verstehen (von kabad: schwer sein,
    Gewicht, Würde, Lichtglanz haben), etwa in Ps 3,4; 72,19; 138,5; Ex 24,16 ff.;
    33,18 ff.; vgl. G. von Rad, Art. δοκέω κτλ., in: ThWNT II, hrsg. von G. Kittel,
    Stuttgart-Berlin-Köln 1990 (1933-1979), 235,15-245,27; G. Kittel, ebd., 245,
    29-258,19; vgl. auch R. Bultmann, Theologie des Neuen Testaments, Tübingen
    ⁹1984 (UTB 630), 402-412.

45) Diese Sicht ist einerseits abzugrenzen gegenüber einem Doketismus, einem religiö-
    sen Hinter-sich-Lassen der Welt (denn genau am weltlichen Menschen wird die
    Würde entdeckt), und andererseits gegenüber einem Säkularismus, der die Welt auf
    sich selbst reduzieren will (am Menschgewordenen wird eine Würde entdeckt, die
    nicht mehr von dieser Welt ist). In dieser Hinsicht ist dem von Bultmann gewähl-
    ten Interpretationsansatz nach wie vor Recht zu geben, wonach die Inkarnation das
    Zentrum der johanneischen Theologie ist (Bultmann, Theologie, 392).

ihm erkennt, auszusprechen, greift der Hymnus auf den unvordenklichen Logos zurück. Was hier im Vordergrund der Welt geschah, so die Argumentation, reicht zurück bis zum unvordenklichen Anfang. Kosmologische Aussagen werden hier gemacht, um die Tragweite dessen zum Ausdruck zu bringen, was Menschen mit Jesus und seinem Wort erfahren haben. Die Kosmologie beschreibt die Tiefendimension dessen, was jetzt vor Augen steht.

Ein erneuter Blick auf den Hymnus führt uns noch präziser an das Sachanliegen heran. Die Herrlichkeit oder Würde des Logos besteht nach 1,14 genau darin, daß er voll von Gnade[46] und Wahrheit ist.[47] Unter Gnade ist das unverdient Gewährte zu verstehen, das zuvorkommend Gegebene, die Gaben, die dem Menschen schon zur Verfügung stehen, noch bevor er überhaupt in die Lage kommt, etwas verdienen zu wollen. Das gnädig Gewährte hat der Mensch, bevor er mit seinem Wollen beginnen kann, auf die Welt Anspruch zu erheben. Und unter Wahrheit ist jene Macht zu verstehen, die mich nicht bloß über die Möglichkeit des wahren Lebens informiert, sondern die mein Leben wahr macht.[48] Gnade und Wahrheit sind schlechthin kreative Phänomene; in ihnen ist jene Kreativität anschaulich, welche das Leben des Menschen trägt und bereichert. Man kann sich fragen, wieso der Hymnus genau diese Gnade und Wahrheit als Würde des Menschgewordenen betrachtet. Die Antwort auf diese Frage gibt der Hymnus selbst: „... voll von Gnade und Wahrheit ... Denn aus seiner Fülle haben wir alle

46) Gnade ist nicht als Eigenschaft des Logos zu verstehen, sondern bezeichnet ein Tun Gottes, die Bewegung Gottes auf den Menschen zu. Als Korrelat zu diesem Tun Gottes kann gewissermaßen die „leere Hand" des Menschen gesehen werden; die Gnade als die Bewegung Gottes hin zum Menschen knüpft an nichts an. Vgl. Ebelings Versuch, Gnade als „kommunikatives Attribut" zu verstehen (Ebeling, Dogmatik des christlichen Glaubens, Bd. II, 2. Teil: Der Glaube an Gott den Versöhner der Welt, Tübingen ³1989,111-116).

47) Der Ausdruck „voll von Gnade und Wahrheit" ist grammatikalisch nicht auf die Doxa, sondern auf den Logos, der Fleisch geworden ist, zu beziehen; zur Begründung vgl. Schnackenburg, Johannesevangelium I, 247 f.

48) Unter Wahrheit des Logos ist die Treue des Logos zu seinem eigenen Wesen zu verstehen. In Kombination mit der Gnade bedeutet das konkret, daß Gott seinem eigenen gebenden Wesen treu bleibt, und daß nichts anderes in seinem Wesen zu lokalisieren ist (da er voll von Gnade und Wahrheit ist, so daß nichts anderes mehr darin ist). Vgl. Schnackenburg, Johannesevangelium I, 248.

empfangen, und zwar Gnade über Gnade" (V. 14 Ende; V. 16, der im ursprünglichen Hymnus unmittelbar auf V. 14 folgte).[49] Grund für diesen Hymnus ist also eine elementare Erfahrung, nämlich die Erfahrung des Empfangens. Zu empfangen ist genau dort etwas, wo etwas in zuvorkommender Weise gewährt wird. Zu empfangen ist im strengen Sinn des Wortes nur das gnädig Gegebene.[50] Es ist nicht genau auszumachen, was für Erfahrungen ursprünglich damit gemeint waren. Zu vermuten ist, daß viele die Begegnung mit Jesus als eine fundamentale Bereicherung erfahren haben, als eine Begegnung mit dem Rettenden, das heilend und klärend in ihr Leben eingriff. In Jesus konzentrierte sich nun, was jedes menschliche Leben begleitet: das unverdient Gegebene, das Leben, für das ich nichts getan habe, eine Geste der Zuwendung, die ich niemals verdienen kann, eine Wende zum Guten, die überraschend und ganz von sich aus kommt. Solche Erfahrungen sind mit dem Stichwort des Empfangens gemeint. Es sind Erfahrungen einer Kreativität, die im Rahmen des Gesetzes des „do ut des" niemals angemessen verstanden werden können. Das „Ich gebe dir, damit du gibst" gehorcht einer anderen Logik. Es ist nicht die Logik der Gnade, sondern die der Gerechtigkeit. Gerecht ist, daß jeder empfängt, was er verdient hat.[51] Gerecht ist, daß einem nichts geschenkt wird. Dennoch ist das Leben wesentlich darauf angewiesen, daß einer mehr bekommt, als er sich erwirken kann. Man kann sogar sagen, das Leben selbst sei etwas gnädig Gewährtes, das jedem Verdienen zuvorkommt.

Die Idee der Gerechtigkeit könnte man in Zusammenhang bringen mit einem universalen Prinzip, dem ersten Hauptsatz der Thermodynamik.[52] Dieser Hauptsatz von der Erhaltung der Energie könnte in All-

---

49) Zur Rekonstruktion des ursprünglichen Hymnus vgl. J. Becker, Das Evangelium nach Johannes, Kapitel 1-10, Gütersloh-Würzburg [3]1991 (ÖTBK 4/1), 81-86; Schnackenburg, Johannesevangelium I, 200-203.

50) Deshalb ist das „empfangen" in V. 16 nicht mit einem Objekt versehen, sondern durch eine erklärende Bemerkung („und zwar Gnade über Gnade") wird ausgesprochen, was im Verbum sowieso enthalten ist.

51) Platon, Resp IV,433a; Aristoteles, Rhet I,9,1366b 9 ff.; vgl. R. Hauser, Art. Gerechtigkeit, in: HWP, Bd. 3, hrsg. von J. Ritter, Basel 1974, 329-331.

52) Vgl. etwa K. Mainzer, Art. Erhaltungssätze, in: Enzyklopädie Philosophie und Wissenschaftstheorie, Bd. 1, hrsg. von J. Mittelstrass, Mannheim-Wien-Zürich 1980, 572 f.

tagssprache „übersetzt" lauten: In der Welt wird einem nichts geschenkt. In der Welt geht es insofern gerecht zu, als alles, was ich bekommen will, verdient sein muß. Gerechtigkeit in menschlichen Gemeinschaften heißt dann, daß das Niveau des Guten erhalten bleibt, wenn es gerecht zugeht (und häufig geht es ja nicht einmal gerecht zu, so daß das Niveau des Guten geringer wird). Will jemand die Erfahrung der Gerechtigkeit reflektieren, könnte er durchaus auf den ersten Hauptsatz der Thermodynamik zurückgreifen. Diese Erfahrung hat ihre Analogie in einem universalen kosmologischen Prinzip, nämlich dem Energieerhaltungssatz. Um die Erfahrung der Gerechtigkeit zu reflektieren, kann in gewissem Sinn auf die Einrichtung der Welt zurückgegriffen werden.

Welche Möglichkeit gibt es andererseits, die Erfahrung des gnädig Gewährten zum Ausdruck zu bringen? Um die in der gegenwärtigen Welterfahrung vorkommende Kreativität zu identifizieren und in ihrem Gewicht wahrzunehmen, genügt der Rückgriff auf die gegebene Verfassung des Universums nicht (mehr). Dies ist wohl der Grund dafür, daß der Prolog auf den Ursprung des Ganzen zurückgriff, auf jenes Unvordenkliche, in welchem das Ganze überhaupt ins Sein gerufen wurde. Zurückgegriffen wird nicht auf das gegenwärtige Funktionieren der Welt, nicht auf die Erhaltung der Energie, sondern auf den kreativen Ursprung, in dem jene Energie allererst entstand, die im Universum erhalten bleibt. Mit eben diesem Ursprung sind die gegenwärtigen Erfahrungen des gnädig Gewährten verwandt, seien sie verdichtet wie in den Erfahrungen mit Jesus, seien sie verstreut im alltäglichen Gemenge des Lebendigen. Die Vorstellung ist vielleicht die, daß jener kreative Ursprung in den gegenwärtigen Erfahrungen von Kreativität nachleuchtet. Und um eben diese Erfahrungen in ihrem Gewicht und ihrer Würde festzuhalten, hat der Hymnus auf den schöpferischen Ursprung zurückgegriffen. Religiöse Kosmologie wird hier also getrieben, um die Erfahrungen, die das eigene Leben tragen, zu identifizieren und festzuhalten.

Wichtig ist vielleicht ein weiterer Aspekt. Der Hymnus hält fest, daß der Logos, das kreative, der Welt zugewandte Wesen Gottes, schlechthin ursprünglich ist. Er ist unvordenklich auch in dem Sinne, daß er vom menschlichen Denken nicht wieder hintergangen werden kann. Angesichts seiner gibt es nur eine angemessene Gebärde des Denkens, nämlich die Nachdenklichkeit, das Nachdenken über einen Stoff, der im Denken nicht rekonstruierbar ist. Sofern es zu einer Erklärung gehört, daß sie beschreibt, warum eine bestimmte Sache so ist, wie sie ist, wird hier der Erklärungsmacht des Denkens eine Grenze gesetzt. Diese Grenze wird jedoch nicht von außen gesetzt, es ist vielmehr eine Grenze, an welche das Denken genau dann kommt, wenn es den Erfahrungen entschieden nachdenkt. Darin ist die Erkenntnis geborgen, daß das Denken seine Gegenstände nicht selbst erschafft, sondern daß es angewiesen ist auf einen ihm vorgegebenen Stoff. Entwickelt wird hier also ein Denken, dessen Wesen im Nachdenken besteht, im nachdenklichen Umgang mit dem, was es nicht selbst erschaffen kann. Entwickelt wird hier ein Denken, das aus der Wahrnehmung kommt, beziehungsweise ein Denken, das nicht mit nichts anfängt.

Man könnte die Aussagen religiöser Kosmologie so lesen, daß sie erklären wollen, warum überhaupt etwas ist und nicht vielmehr nichts. Und man könnte dann sagen, die Tatsache, daß etwas ist, sei keiner Erklärung bedürftig, es sei der Normalzustand der Dinge, daß sie eben sind. Die religiöse Kosmologie würde dann einen Zustand erklären, der gar nicht erklärungsbedürftig ist. Gewiß mag das natürliche Vorhandensein der Dinge vom Standpunkt des ersten Hauptsatzes der Thermodynamik aus gesehen plausibel sein. Dennoch zeigt die Erfahrung auf vielfältige Weise, daß die Dinge ebensogut nicht sein könnten, denn jederzeit ist zu beobachten, daß Dinge verderben oder sogar vom Menschen selbst vernichtet werden. Am Ursprung der religiösen Kosmologie steht nicht die Erklärung, warum aus dem Nichts überhaupt etwas geworden ist.

Der Gedanke eines schöpferischen Gottes dient nicht dazu, die Existenz der Dinge zu erklären. Vielmehr geht es darum, dem menschlichen Staunen darüber Ausdruck zu geben, daß die Dinge überhaupt sind. Es mag mit dem per definitionem innerweltlichen Ansatz der Physik zusammenhängen, daß ihr das Sein der Dinge natürlicher erscheint als deren Nichtsein. Wenn in der religiösen Wahrnehmung die Existenz der Dinge zum Staunen Anlaß gibt, dann wird hier das Sein wahrgenommen angesichts der Möglichkeit des Nichtseins. Die Existenz wird nicht einfach hingenommen, sondern sie wird gewürdigt angesichts des (drohenden) Nichts. Damit wird nicht etwa metaphysisch über das Nichts spekuliert, sondern die Denkbemühung im Horizont der Religion richtet sich darauf, das Gewicht des Existierens zu erahnen.

Der Gedanke der Schöpfung aus dem Nichts ist Ausdruck des Staunens über und der Dankbarkeit für das Sein der Dinge, mag dies nun ihr natürliches Wesen sein oder nicht. Dieses Staunen über das Sein der Dinge kommt zustande angesichts der Verderblichkeit und Verletztlichkeit alles Geschaffenen. Und zur Dankbarkeit über die Dinge kommt es angesichts der elementaren Einsicht, daß das Leben auf eben diese Dinge angewiesen ist und daß es zum menschlichen Lebensvollzug gehört, daß diese Lebensgrundlagen auf gefährliche Weise mißachtet und sogar zerstört werden. Man könnte die Sache vielleicht auf die folgende Formel bringen: Zwar kann die Theologie unter gewissen Umständen Anlaß haben, metaphysisch zu reden. Aber im Unterschied zu einer metaphysisch orientierten kosmologischen Fragestellung, die das Seiende mit dem Gedanken der Schöpfung aus dem Nichts erklären will, geht es der theologischen Kosmologie primär darum, die Bedeutung des Seienden in seiner Konkretheit festzuhalten. Während die metaphysische Erklärung die Existenz der Dinge herleitet, bemüht sich die theologische Deutung darum, das Gewicht ihres bloßen Existierens zu ermessen. Das Sein des Universums wird in diesem Zusammenhang – einmal ganz abgesehen von der Frage seines Entstehens – zum großen Argument gegen das Nichts und das Nichtige, das die menschliche Lebendigkeit bedroht, materiell und erst recht geistig.

2.3. Kosmologie und Lebensraum

Im Neuen Testament finden sich kosmologische Aussagen, die auf einem ganz anderen sprachlichen und denkerischen Niveau als der soeben zitierte Hymnus vom unvordenklichen Logos angesiedelt sind. „Richtet eure Aufmerksamkeit auf die Vögel des Himmels: Sie säen nicht und ernten nicht und sammeln nicht in Scheunen, und euer himmlischer Vater ernährt sie ... Richtet euer Augenmerk auf die Lilien des Feldes, wie sie wachsen: Sie mühen sich nicht ab und sie spinnen nicht. Ich sage euch aber: Selbst Salomo in seiner ganzen Pracht war nicht gekleidet wie eine von diesen" (Mt 6,26.28b.29).[53] Auch dies ist eine interessante Gestalt theologischer Kosmologie, die nicht Schöpfungstheologie

---

53) Zur Auslegung dieses Textes vgl. U. Luz, Das Evangelium nach Matthäus, 1. Teilband: Mt 1-7, Zürich-Braunschweig-Neukirchen-Vluyn ²1989 (EKK I/1), 363-375; H. Weder, Die „Rede der Reden". Eine Auslegung der Bergpredigt heute, Zürich ³1994, 205-215. (Es wurde direkt aus dem griechischen Text übersetzt, weshalb die Übersetzung von den bekannten Bibelübersetzungen abweicht.)

im traditionellen Sinn ist. Es findet kein Rekurs auf die heiligen Texte statt, in denen schöpfungstheologisch gesprochen wird. Was wir hier vor Augen haben, ist eine Art Schöpfungserfahrung im Vordergrund der Welt; es geht gleichsam um die Kreativität im Alltäglichen. Auffällig ist die mehrfache Aufforderung zur Wahrnehmung.[54] Diese Dimension der Kosmologie erschließt sich nicht dem analysierenden und die Welt in ihre Bausteine und Einzelelemente zergliedernden Denken. Diese Dimension erschließt sich einer Wahrnehmung, welche Augen hat für die seltsame Botschaft der Vögel, die der Schöpfer am Leben erhält, mögen sie noch so unerheblich sein, und die Botschaft der Lilien, die der Schöpfer prächtig kleidet, mögen sie schon morgen verdorrt sein und in den Ofen geworfen werden.[55] Selbst die flüchtigsten Details des Kosmos halten eine Botschaft bereit, wenigstens für die, die Augen haben zu sehen. Ihre Botschaft ist, daß der Schöpfer auch das Unerheblichste am Leben erhält und nicht selten mit großer Schönheit ausstattet. Die Schöpfungserfahrung, an die hier erinnert wird, heißt Erhaltung, Versorgung. Die Kreativität, die hier wahrgenommen wird, ist nicht in den Ursprüngen des Universums auszumachen, sondern in den unerheblichen, flüchtigen Details des Lebens; zugleich betrifft diese Detail-Erfahrung die Grundverfassung des Lebens (das in der verzehrenden Sorge gefährdet ist und das im Vertrauen auf das Tragende der Schöpfung lebendig bleibt).

---

54) Betrachtet man die Imperative, die den gesamten Text Mt 6,25-34 prägen, so stellt man die folgende Struktur fest: a) eine dreifache Aufforderung, sich nicht in der Sorge um das Leben zu verzehren (25.31.34). b) eine zweifache Aufforderung zur Wahrnehmung (26: blicken auf, in den Blick nehmen, die Aufmerksamkeit richten auf. 28: das Augenmerk richten auf, ansehen, um davon zu lernen). c) eine Aufforderung, das Reich Gottes zu suchen. Namentlich die Aufforderungen a) und b) sind so aufeinander bezogen, daß die Wahrnehmung als Alternative zum Sorgen erscheint. Vgl. M. Ebner, Jesus – Ein Weisheitslehrer? Synoptische Weisheitslogien im Traditionsprozeß, Freiburg-Basel-Wien u. a. 1998 (Herders biblische Studien 15), 251; Luz, Matthäusevangelium I, 368 f.; U. Luck, Das Evangelium nach Matthäus, Zürich 1993 (ZBK.NT 1), 95; E. Schweizer, Das Evangelium nach Matthäus, Göttingen-Zürich 16(4)1986 (NTD 2), 104 f.

55) Die Unerheblichkeit der Dinge, für die „euer himmlischer Vater" hier zu sorgen pflegt, wird ausdrücklich hervorgehoben, ist also bewußt. Vgl. Ebner, Jesus – Ein Weisheitslehrer?, 263 f.; Luz, Matthäusevangelium I, 369; Schweizer, Evangelium nach Matthäus, 105.

Diese Schöpfungserfahrung im Vordergrund der Welt wird aufgeboten gegen einen abgründigen Hang des Menschen. „Deshalb sage ich euch: Sorget euch nicht um euer Leben, was ihr eßt, auch nicht um euren Leib, was ihr anzieht!" (Mt 6,25ab). Die Sorge ist der abgründige Hang des Menschen, gegen den die Wahrnehmung des großen Zusammenhangs der Schöpfung aufgeboten wird. Die Warnung vor dem Sorgen richtet sich nicht gegen die vernünftige Beschaffung von Nahrung und Kleidung. Sie richtet sich vielmehr gegen jene Sorge, welche gerade nicht für die Lebendigkeit sorgt, sondern welche das Leben auffrißt.[56] Die Warnung richtet sich gegen die Sorge, die durch Angst besetzt ist.[57] Abgründig ist diese Sorge, weil der Mensch in ihr auf sich selbst beschränkt ist.[58] In der Sorge tut er so, als ob nicht für sein Leben gesorgt sei. In der Sorge macht er das Nichts, das sein Leben in Zukunft ereilen könnte, zur bedrohlichen Gegenwart. In der Sorge existiert er fixiert auf sich selbst; nicht mehr um Selbsterhaltung geht es ihm, sondern um Selbstversorgung. In der Sorge existiert der Mensch offenbar ohne Augen für den Zusammenhang des Lebens, ohne Augen für den Lebensraum, zu dem er gehört.

Deshalb die Aufforderung zum Sehen der Vögel, zur Wahrnehmung der Lilien: Nicht sorgen sollt ihr, sondern sehen. Die Alternative zur Sorge ist die Wahrnehmung. Sie richtet sich auf den Lebensraum, auf zwei unscheinbare Erscheinungen aus dem großen Zusammenhang der Schöpfung. Die Vögel und Lilien stehen dafür, daß sie nichts für ihre Selbsterhaltung tun und dennoch am Leben erhalten werden. Wer sie aufmerksam wahrnimmt, erkennt, daß es Selbsterhaltung gibt durch Fremdversorgung. Die Raben und die Lilien sind nicht etwa Vorbilder für ein sorgloses Dahinleben, sie sind vielmehr Zeugen für den großen Zusammenhang der Schöpfung.[59] Sie bezeugen dem Menschen, daß es

---

56) Dies zeigt sich im Duktus von V. 25 sehr schön: Die Sorge reduziert das Lebendigsein auf Essen und Trinken, während jenes doch viel mehr ist als Trank und Speise. Genau dieses Mehr wird in der Sorge mißachtet.
57) Luz, Matthäusevangelium I, 367.
58) Diese Lebensform heißt bei Paulus κατὰ σάρκα ζῆν, ein Leben nach dem Fleisch, das insofern beschränkt lebt, als es so tut, als ob das Fleisch, die Welt, die natürlichen Gegebenheiten, das einzig Wirkliche wären. Vgl. Bultmann, Theologie, 210 f.232-246.
59) Gegen Ebner, Jesus – Ein Weisheitslehrer?, 259 f., der die Raben und Lilien als Vorbilder der Verweigerung einer normalen und traditionellen Praxis versteht.

Fremdversorgung gibt. Und eben darum verweisen sie auf die einzige Alternative zu jener Sorge, die den Menschen in die Selbstversorgung treibt. Die Alternative zur Selbstversorgung ist die Fremdversorgung, jenes Datum der Schöpfung, das der Mensch in seiner abgründigen Sorge völlig aus dem Blick verliert.

Charakteristisch für diese seltsamen Zeugen der Schöpfung ist ihre Unerheblichkeit. Raben, die keinen Pfifferling wert sind, und Lilien, Unkraut, dem niemand Gärtner sein will. Das Unerhebliche tut nichts, um am Leben zu bleiben, außer daß es die Nahrung in Empfang nimmt, die ihm gegeben wird (und dies bisweilen mit großer Raffinesse). Die Botschaft dieser Zeugen ist, daß es offenbar eine Leidenschaft des Schöpfers für das Unerhebliche gibt. Sie sind wertlos und unwichtig, und dennoch werden sie prachtvoll ausgestattet und unendlich wichtig genommen. Es geht die Rede, der Mensch nehme sich in seiner Sorge zu wichtig. Dieser Text macht auf das Gegenteil aufmerksam: In der Sorge nimmt sich der Mensch zuwenig wichtig, unwichtiger jedenfalls, als der Schöpfer selbst die unerheblichen Raben und Lilien nimmt.[60]

Die Botschaft der Lilien ist freilich nicht selbstverständlich. Sie erschließt sich nur dem, der Augen für sie hat, beziehungsweise dem, dem die Augen durch die Hermeneutik eines solchen Spruches aufgetan werden. Denn von Lilien könnte man auch ganz anders reden; man könnte reden davon, daß sie achtlos zu Boden gestampft und gedankenlos im Ofen verheizt werden. Auch von den Vögeln könnte man ganz anders reden: Jeder Spatz, der verhungert vom Dach fällt, könnte ein Einspruch gegen die Botschaft sein, die Jesus ihnen abgewinnt. Auch dies gehört zum Gemenge der Welt. Jesus blendet es aus, weil es ihm auf die große und einfache Wahrheit der Schöpfung ankommt: Es wird auch das Unwichtigste wichtig genommen, und selbst für das unerheblichste Le-

---

Dienten die Raben und Lilien als *Vorbilder,* müßte ihre Untätigkeit nachgeahmt werden; dienen sie aber als *Zeugen,* so erschließt sich dem Menschen in ihrer Untätigkeit etwas, das auf der Ebene der menschlichen Lebensgestaltung von Relevanz ist. Vgl. Luz, Matthäusevangelium I, 368; Schweizer, Evangelium nach Matthäus, 104.

60) Deshalb die rhetorischen Fragen: „Seid ihr nicht mehr wert als sie (V. 26 Ende)?" „Wenn aber Gott das Gras des Feldes, das heute steht und morgen in den Ofen geworfen wird, so kleidet, wieviel mehr dann euch, Kleingläubige" (V. 30). (Übersetzung nach dem Text der neuen Zürcher Bibel, Die Evangelien nach Matthäus, Markus, Lukas, Johannes. Die Psalmen, [Fassung 1996], Zürich 1996.)

ben ist gesorgt. Diese Wahrheit blitzt auf im Gemenge der Welt. Unter den Augen dieses Jesus wird die Welt allererst zur Schöpfung. Er entdeckt in der Welt das Wirkprinzip ihres Daseins und Soseins, die Kreativität „eures himmlischen Vaters". Er reduziert damit die Komplexität der Welt, nicht um den Menschen eine heile Welt vorzugaukeln (dagegen spricht schon, daß die Verderblichkeit und Verletzlichkeit der Lilien explizit in Erinnerung gerufen wird), sondern um die einfache Wahrheit zum Leuchten zu bringen, daß es Fremdversorgung gibt in der Welt und daß sie eine Spur des kreativen Gottes ist. Er bietet die einfache Wahrheit der Schöpfung auf gegen die selbstvergessene Sorge, in welcher der Mensch seine Lebendigkeit gerade nicht erhält, sondern verspielt.

Es braucht nicht betont zu werden, daß diese Botschaft zwar das Sein des Menschen angeht, aber dennoch erhebliche Folgen für sein Tun hat. Sie redet von religiöser Kosmologie so, daß diese Folgen hat für die Ethik. Denn die Sorge treibt den Menschen in die Selbstsicherung. Und für die Selbstsicherung ist er bereit, alles einzusetzen, was die Erde zur Verfügung stellt. Bei diesem Einsatz aller Dinge für das eigene bedrohte Wohl gelingt es nicht mehr, dem Willen des Schöpfers Aufmerksamkeit zu schenken, es gelingt nicht mehr, das Reich Gottes und Gottes Gerechtigkeit zu suchen (vgl. V. 33).[61] So geht durch die Selbstsicherung genau der Lebensraum verloren, der durch sie gesichert werden soll. Wenn es der Botschaft der Lilien gelingt, die Sorge des Menschen zu überwinden, dann geschieht hier so etwas wie eine Neuschöpfung des Lebensraums. Indem sich die Wahrnehmung des Menschen auf den Raum des Lebens richtet und dessen Botschaft von der lebenserhaltenden Fremdversorgung hört, wird die zerstörerische Lebenssicherung überflüssig und kann verwandelt werden in eine Kultur des gegebenen Lebensraums. Die Botschaft der Lilien erschafft zugleich den Lebensraum, auf den sie aufmerksam macht.

Die Naturwissenschaft der Neuzeit hat – im Unterschied zur religiösen Kosmologie – eine andere Stoßrichtung. Ihr geht es darum, die Funktion und den Aufbau des Lebensraums zu erklären, weniger um die Entschlüsselung seiner Botschaft. Vielleicht macht die Religion und ihre Kosmologie auf eine andere wichtige Dimension aufmerksam, auf

---

61) Luck, Evangelium nach Matthäus, 96; Schweizer, Evangelium nach Matthäus, 105.

die Dimension der Lebensdeutung, des Zugangs zum Lebensraum. Die religiöse Kosmologie entdeckt vielleicht etwas, das auch die naturwissenschaftliche Kosmologie einst beinhaltete und heute weitgehend aus dem Blick verloren hat: Die Ermöglichung von Lebensorientierung.[62] Und vielleicht ist dies eine Dimension, der man auch naturwissenschaftlich mehr Aufmerksamkeit schenken sollte. Vielleicht müßte die Botschaft für das Sein der Menschen ernster genommen werden, da dieses Sein für ihr Verhalten und damit auch für den Lebensraum von eminenter Bedeutung ist.[63]

Haben wir nicht deutlicher zu fragen, welche unwillkürliche Botschaft vom naturwissenschaftlichen Umgang mit dem Kosmos ausgeht? Denkbar wäre zum Beispiel, daß dieser Zugriff, der sich auf Aufbau und Funktion des Kosmos konzentriert, die Menschen zu wenig auf die Würde der Welt einstellt, oder daß dieser Zugang sie zu sehr darauf einstellt, die Dinge auf ihre Verwertbarkeit und Beherrschbarkeit hin zu betrachten. Es könnte sein, daß die Konzentration auf Verwertung und Können den Menschen in jene seinsvergessene Sorge führt, in welcher er glaubt, für alles selbst aufkommen zu müssen. Denn zur Dynamik des Könnens gehört es vermutlich, daß der Mensch geneigt ist, in der Beschränktheit auf dieses sein (gewiß imposantes, aber für die Lebendigkeit nicht ausreichendes) Können zu leben. Dies soll kein moralischer Vorwurf an die Naturwissenschaft sein. Dennoch müßte man dem Zusammenhang zwischen Erkenntnistheorie und der daraus folgenden Praxis etwas intensiver nachdenken. Das wäre meines Erachtens die primäre wissenschaftsethische Fragestellung, die viel grundlegenderer Art ist als die bloße Technikfolgenabschätzung. Es könnte immerhin sein, daß schon der wissenschaftliche Zugang zu den Dingen der Welt einen Einfluß auf die Praxis des technologischen Umgangs mit ihnen hat. Es könnte sein, daß schon die Art etwas zu sehen über die Kultur des praktischen Umgangs damit entscheidet.

---

62) Vgl. dazu J. Hübner, Die Wirklichkeit der Natur, 94: „Naturwissenschaft kann also schwerlich Lebensorientierung in einem umfassenden Sinn, existentielle Sinnerhellung bieten."

63) Ders., Die Welt als Gottes Schöpfung ehren, 27: „Beide [der christliche Glaube und die Naturwissenschaft] aber bedürfen des Gesprächs miteinander, um der endlichen Gestalt der Welt, ihrer Chancen und der damit verbundenen Verantwortung gewahr zu werden und um die Lebensgestaltung in diesem Sinne zu orientieren."

2.4. Das Gepräge der Welt

Einige neutestamentliche Texte machen im Zusammenhang mit dem Christus universale Aussagen. Als Beispiel mag noch einmal der Johannesprolog dienen. „Alles ist durch ihn geworden, und außerhalb von ihm ist nichts entstanden von dem, was entstanden ist. In ihm war Lebendigkeit, und das Leben war das Licht der Menschen" (Joh 1,3 f.). Die erste Aussage hält fest, daß alles durch den Logos geworden sei. Dabei ist der Logos jedoch nicht als Urheber, sondern als Vermittler der Schöpfung gedacht.[64] Das Schaffen selbst wird (unausgesprochen) Gott überlassen, sein Schaffen vollzieht sich kraft der Vermittlung des Logos. Am besten zu verstehen ist diese Aussage vor dem Hintergrund der jüdisch-hellenistischen Weisheitstheologie.[65] Im Rahmen dieser theologischen Konzeption war die Weisheit bei der Gründung des Himmels und der Erschaffung aller Lebensräume dabei. Alles Geschaffene ist durch Gott in Weisheit geschaffen; die Weisheit gibt der Welt das Gepräge. Mit genau dieser Weisheit wird jetzt (etwa hier im Prolog des Johannesevangeliums) der Logos, der Christus, identifiziert; der Christus erhält universale Bedeutung: Was sich hier im Vordergrund der Welt zeigte, so lautet die Aussage, existierte schon vor aller Schöpfung und gab allem Geschaffenen seine Gestalt. Der Logos ist, wie die Weisheit, so etwas wie eine grundlegende Information des Universums, eine Information, die einerseits aus den Tiefen des Universums hervorleuchtet und andererseits in der Gestalt des Christus auf die Weltbühne getreten ist. Der Gedanke von der Schöpfungsmittlerschaft des Logos antwortet auf die Frage, inwiefern die Welt die Signatur des kreativen Gottes trage. Er antwortet auf die Frage, wie die Sinnhaftigkeit der Welt zu erkennen sei. Die Antwort verweist auf die Lebensräume des Menschen, ja selbst den Himmel und die Unterwelt, die durch den Logos gestaltet sind. Er vermittelt die Ordnung der Welt. Er steht (ein) für die Sinnhaftigkeit des Lebensraums.

---

64) Zum Gedanken der Schöpfungsmittlerschaft, der im Rahmen der Weisheitstheologie entwickelt wurde, vgl. Sap 7,25-8,1; vgl. B. L. Mack, Logos und Sophia. Untersuchungen zur Weisheitstheologie im hellenistischen Judentum, Göttingen 1973 (StUNT 10), 29-32. Zur Schöpfungsmittlerschaft im Rahmen neutestamentlicher Texte vgl. H. von Lips, Weisheitliche Traditionen im Neuen Testament, Neukirchen-Vluyn 1990 (WMANT 64), 294-314.

65) Sir 24,3-6; Prov 8,22-31.

Die vorliegende Aussage wird im Zusammenhang anderer neutestamentlicher Aussagen noch besser verständlich: Christus erscheint in 1Kor 8,6 ebenfalls als Schöpfungsmittler, wobei sorgfältig zwischen dem Ursprung des Universums in Gott (ἐκ) und seiner Gestaltung durch Christus (διά) unterschieden wird.[66] Dasselbe gilt für den Kolosserhymnus (Kol 1,16) und eingeschränkt auch für Hebr 1,2 (Schaffung der Aeonen „durch ihn").[67] In diesen Texten geht es um die Dimensionen des Christus. Und dem Logos-Hymnus kommt es darauf an, mit Hilfe der Vorstellung von der Schöpfungsmittlerschaft die kosmische Reichweite des inkarnierten Logos anzugeben. Das wird im zweiten Satzteil ausdrücklich sichergestellt: Es gibt kein einziges geschaffenes Ding, das jenseits des Christus entstanden wäre. Damit dehnt der Hymnus die Präsenz Christi bis an die äußersten Grenzen der Welt aus. Kein geschaffenes Ding ist unberührt vom Logos. Die Geschöpflichkeit der Dinge trägt das Gepräge des Logos. Was alle Dinge mit dem Christus verbindet, ist ihre Geschöpflichkeit, ihr Kreatursein. Deshalb mag ein Mensch noch so weit gehen, er fällt nicht aus der Obhut des Christus heraus. Nie wird ein Mensch in Welten kommen, die vom Christus unberührt wären. Der Hymnus erklärt das, was im Inkarnierten in den Vordergrund der Welt getreten ist, die Ordnung von Gnade und Wahrheit, zur Weltordnung schlechthin. Der Sinn, der im Inkarnierten verkörpert zur Erfahrung gekommen ist, erfüllt die ganze Weite des Universums. Deshalb wäre es verfehlt, die Welt als fremd und unwirtlich zu diffamieren. Weil der Christus ihr das Gepräge gibt, ist sie das Zuhause derer, die an ihn glauben.

Man muß sich die eklatante Distanz klarmachen, die zwischen diesem Weltverständnis und dem (späteren) gnostischen liegt. Dies vermag die gnostische Interpretation des vorliegenden Satzes zu zeigen: Herakleon versucht, den Logos aus dem Schöpfungsprozeß herauszuhalten und statt dessen den Demiurgen zu belasten mit der Welt.[68] Die Naas-

---

66) W. Schrage, Der erste Brief an die Korinther, 2. Teilband: 1Kor 6,12-11,16, Solothurn-Düsseldorf-Neukirchen-Vluyn 1995 (EKK VII/2), 241-244.

67) E. Schweizer, Der Brief an die Kolosser, Zürich-Einsiedeln-Köln-Neukirchen-Vluyn ²1980 (EKK XII), 60 f.; E. Grässer, An die Hebräer, 1. Teilband: Hebr 1-6, Zürich-Braunschweig-Neukirchen-Vluyn 1990 (EKK XVII), 58-60.

68) Bei Origenes, Comm in Joh II XIV, 100, in: Origène, Commentaire sur Saint Jean, Tome 1 (Livres I-V), texte critique, avant-propos, traduction et notes par C. Blanc, Paris ²1996 (SC 120).

sener gar sagen, das Nichts, das ohne ihn geworden sei, sei die materielle Welt, vom Chaos und dem feurigen Gott El Schaddai geschaffen.[69] Der Mensch ist in der lebensfeindlichen Welt der Materie gefangen und entsprechend wird Erlösung gedacht als Befreiung der Menschen aus den Banden der Materie. Der Hymnus kennt demgegenüber keine widergöttlichen, ja er kennt nicht einmal logoslose Dinge der Welt. Denn gerade die Geschöpflichkeit von allem ist es, welche die Verbindung mit dem Logos ausmacht. Die Geschöpflichkeit ist zu unterscheiden von dem, was im gegenwärtigen wissenschaftlichen Kontext Endlichkeit heißt. Zwar impliziert die Geschöpflichkeit den Gedanken der Endlichkeit, aber sie denkt diese Endlichkeit nicht innerhalb der Grenzen ihrer selbst, sondern sie denkt an das Umfassende, das an den Grenzen des Endlichen in den Blick kommt, an den Gott, der das Endliche nicht ins Nichts verschwinden läßt, sondern der seiner Kreativität, von der die Geschöpflichkeit ja kündet, gerade auch am Ende des Endlichen treu bleibt.

Daß der inkarnierte Logos dem ganzen Universum sein Gepräge gibt, ist eine kosmologische Aussage, die durchaus in den Bereich dessen führt, was die heutige Naturwissenschaft zu bearbeiten pflegt.[70] Zwar geht es hier nicht um naturwissenschaftliche Kenntnisse über Aufbau und Funktion der Welt, sondern um die Wahrnehmung der Welt im Horizont des Christus. Der Glaube an Christus sieht die kreatürliche Welt als eine Welt an, die durch eben diesen Christus ihr Gepräge hat. Auch wenn es dabei nicht um Welterklärung, sondern um Weltwahrnehmung geht, verpflichtet diese Sicht des Glaubens trotzdem dazu, im Aufbau der Welt und des Lebens etwas von jener Gnade und Wahrheit aufzuspüren, die im Logos verkörpert sind. Schon die Gabe des Geschaffenen als solche kann als gnädig Gegebenes verstanden werden, und vielleicht erscheint auch im Aufbau des Universums und in der Organisation des Lebendigen etwas von jener Wahrheit, die als inkarnierter Logos im Vordergrund der menschlichen Welt aufgetreten ist. Hier ist genau der Punkt, an welchem naturwissenschaftliche Erkenntnisse von großer

---

69) Hipp Ref V 8,5 (bei E. Haenchen, Das Johannesevangelium. Ein Kommentar, aus den nachgelassenen Manuskripten hrsg. von U. Busse, Tübingen 1980, 122).

70) Gegen J. Blank, Das Evangelium nach Johannes, 1. Teil a, Düsseldorf 1981 (GSL.NT 4/1a), 85, der zu schnell das Wirklichkeitsverständnis des Glaubens von der Naturwissenschaft dissoziiert.

Bedeutung für die theologischen Aussagen sind. Im Logos ist Lebendigkeit zuhause (V. 4).[71] Der Logos steht für die Zuwendung, die Beziehung. Lebendigkeit hat mit Beziehung zu tun. Diese Aussage muß auch biologisch überprüft werden, und biologische Erkenntnis über das Zusammenspiel des Lebens vertieft die Einsicht in das Gepräge der Welt.[72] Würde sich herausstellen, daß Lebendigkeit biologisch gesehen das Gegenteil von Beziehung ist, so wäre der Glaube an diesen Logos und die in ihm beschlossene Lebendigkeit in gewisser Weise bodenlos geworden. Das Leben nun, die Lebendigkeit, wird im zweiten Versteil als das Licht der Menschen beschrieben. Das ausgeteilte Leben ist es, welches das Dasein des Menschen ins Licht stellt, erleuchtet, erhellt.[73] Die Metapher zielt auf das, was die Lebendigkeit an den Menschen wirkt: sie erleuchtet die Menschen. Lebendigkeit kommt jedem Menschen zu, insofern ist das Erhellende jedem Menschen zugänglich.[74]

Licht ist ein religiöses Symbol von universaler Verbreitung.[75] Daß dem so ist, hat wohl mit der Erfahrung der Menschen mit dem natürlichen Licht zu tun, das eine elementare Voraussetzung von Leben ist.[76] Nicht nur dafür, daß man sich im Leben zurechtfindet, sondern – wie

71) Es geht hier um die Aussage, daß die Lebendigkeit der ganzen Schöpfung im Logos ihren Ursprung und tragenden Grund hat. Die Lebendigkeit des Logos ist dadurch charakterisiert, daß sie lebendig macht, Leben austeilt. Vgl. dazu Schnackenburg, Johannesevangelium I, 218 f.; R. Bultmann, Das Evangelium des Johannes, Göttingen 20(10)1985 (KEK II), 20 f.

72) Der Beziehungsaspekt wird zumindest in zwei von drei fundamentalen Explikationsmerkmalen des Lebens deutlich, im Metabolismus (dem Austausch von Energie mit der Umwelt) und in der Fähigkeit zur Selbstreproduktion (der Weitergabe von genetischer Information an spätere Exemplare); vgl. G. Wolters/ J. Mittelstrass, Art. Leben, in: Enzyklopädie Philosophie und Wissenschaftstheorie, II, 549-552.

73) Licht ist also weder die Weisheit, nach der es zu leben gilt, noch das Gesetz, das es zu tun gilt, um Leben zu erlangen; Licht ist die Lebendigkeit selbst, die im Logos als ausgeteiltes Leben ihren Raum hat; vgl. Bultmann, Johannesevangelium, 22-26.

74) Mit Haenchen, Johannesevangelium, 122.

75) Etwa in der Gnosis, Corp Herm I,5-7.9.12.17.21 f. und bei Philo von Alexandrien, Fug 198; Som I,75; vgl. Schnackenburg, Johannesevangelium I, 219 f.

76) Jeder lebende Organismus benötigt Energie, die entweder [heterotroph] in der Nahrung aufgenommen wird oder [autotroph] durch Licht oder Umwandlung von anorganischen Stoffen gewonnen wird; vgl. Art. Life, in: EBrit, vol. 22, Chicago 151985, 988.

wir wissen – auch dafür, daß gewisse Lebensformen überhaupt entstehen und sich erhalten können. Das religiöse Symbol des Lichtes nimmt die Erfahrung des Menschen mit dem natürlichen Licht auf, verleiht ihr Gewicht und macht sie für die Gotteserfahrung transparent. An dieser Erfahrung gilt es, das Moment der Kreativität des Lichtes festzuhalten. Nicht bloß um Beleuchtung geht es, die das Vorhandene sichtbar macht, sondern um Erleuchtung, die am Vorhandenen neue Dimensionen erschließt. So wird im Hymnus nicht einfach menschliches Dasein beleuchtet und ans gleißende Licht der Unbarmherzigkeit gezerrt, sondern hier fällt das Licht der gnädig gegebenen Lebendigkeit auf menschliches Dasein. Vom Logos wurde Gnade und Wahrheit ausgeteilt; eben dies ist die konkrete Gestalt, in welcher die in ihm wohnende Lebendigkeit Menschen erleuchtet. Im Licht des Logos wird eine Wahrheit entdeckt, welche die Lebendigkeit von sich aus niemals hätte und die deshalb nicht einfach durch Aufdeckung gesehen werden kann.

Die Weisheitstheologie, in deren Zusammenhang dieser Hymnus steht, ist ein interessantes Paradigma für die Beziehung von Theologie und Naturwissenschaft. In der älteren Weisheitsliteratur ist die Weisheit erkennbar, indem man die Ordnung der Welt und der menschlichen Lebensvorgänge *betrachtet und daraus lernt*.[77] Die Weisheit steht hier für die wunderbare Ordnung des Lebens, deren Sinn evident ist und die auf einen Schöpfer schließen läßt, der sie geschaffen hat. Die Weisheit ist also in den Dingen, im Aufbau der Welt, in ihren Ordnungen und Prozessen anzutreffen. Deshalb werden in der älteren Weisheit mit geradezu naturwissenschaftlichem Interesse Ordnungen aufgespürt, die das Leben tragen, Ordnungen, die zu kennen sich lohnt, weil es lebenswichtig ist, daß man sich an sie hält. Auf beide Seiten hin wird die Relevanz, die diese Ordnungen für das Leben haben, ausformuliert: Sowohl die „Konsequenzen" der Respektierung (Ergehen des Weisen), wie die „Konsequenzen" des Verstoßes gegen dieselben (Ergehen des Toren).[78]

---

77) Dazu G. von Rad, Weisheit in Israel, Gütersloh 1992 (GTBS 1437), 75-130; R. E. Murphy, Art. wisdom in the OT, in: The Anchor Bible Dictionary, vol. 6, D. N. Freedman (ed.), New York u. a. 1992, 920-931; W. Zimmerli, Grundriß der alttestamentlichen Theologie, Stuttgart-Berlin-Köln ⁶1989 (ThW 3,1), 136-146.

78) Vgl. von Rad, Weisheit, 170-181; B. Janowski, Die Tat kehrt zum Täter zurück. Offene Fragen im Umkreis des „Tun-Ergehen-Zusammenhangs", ZThK 91 (1994), 247-271.

Im aktuellen Kontext ist vielleicht daran zu erinnern, daß der Mensch nicht ungestraft gegen die Ordnungen verstößt, in die er eingelassen ist. Auch darauf macht der Gedanke der in den Dingen zu entdeckenden Weisheit aufmerksam. Aus verschiedenen Gründen kam es zur Krise des weisheitlichen Denkens.[79] Die Ordnungen von Welt und Leben waren nicht (mehr) so einfach ersichtlich. Die Welt drohte zu einem undurchschaubaren Gemenge zu werden, angesichts dessen nur noch die „Skepsis", wie sie uns im Buch Kohelet begegnet, angebracht schien – so ein Ansatz innerhalb der jüngeren Weisheit. Der Weg der Skepsis war in dieser Situation jedoch nicht der einzige. So gibt es eine Anzahl von Texten, in denen die Weisheit zu einer Person wird. Während sie früher in den Dingen anzutreffen war, hatte diese Anschauung jetzt ihre Evidenz verloren. Nun tritt die Weisheit aus den Dingen heraus. Sie tritt auf den Straßen und Marktplätzen an die Menschen heran, um sie auf die Ordnungen des Lebendigen hinzuweisen (vgl. besonders Sir 24).[80] Sie tritt als Person auf, und ihr Auftreten ist ein Symbol dafür, daß an ihr festgehalten werden soll, gerade angesichts des Gemenges, das das Leben kennzeichnet. Von dieser Person wird erzählt, sie habe Himmel, Erde und Unterwelt durchmessen; es gebe keine Räume, in denen sie nicht gewesen sei. So undurchschaubar es im Himmel zugehen mag, auch dort war die Weisheit; so chaotisch das Leben sich gebärden mag, es ist durch die Weisheit erschaffen; so groß das Durcheinander in der Unterwelt auch sei, auch dort ist die Weisheit schon gewesen. Weil sie in den Dingen nicht mehr anzutreffen ist, tritt sie aus ihnen heraus, um persönlich auf die Prägung der Dinge hinzuweisen. Die Person der Weisheit ist das Symbol dafür, daß in der jüngeren Weisheit an ihrer orientierenden Kraft festgehalten wird, auch angesichts des undurchschaubaren Gemenges. Auf diese Weise wird an der Erfahrungsdimension des Gottesgedankens festgehalten; es wird festgehalten an der Gegenwart Gottes in der Welt menschlicher Erfahrungen, mögen diese noch so diffus und schwer zu deuten sein.

79) Von Rad, Weisheit, 131-148; Th. Krüger, Kritische Weisheit. Studien zur weisheitlichen Traditionskritik im Alten Testament, Zürich 1997, V-VII (Vorwort). Krüger versteht die „Krise" der Weisheit nicht als Scheitern, sondern als Zeugnis der Leistungsfähigkeit des weisheitlichen Ansatzes aufgrund dessen kritischen Potentials.
80) Vgl. auch Prov 1,20-33; 8,1-21; 9,1-6; Sap 7,12; 9,11.18; Sir 4,17 f.

Wenn die Weisheit beziehungsweise der Logos in dieser Person verkörpert ist, bedeutet dies nicht etwa, daß seine allgemeine Gegenwart in der Welt durchgestrichen wäre. Was in diesem Menschen verkörpert ist, begegnet in elementaren Lebenserfahrungen, sofern ihre Tiefendimension in den Blick kommt. Die Lebendigkeit, eine Erfahrung, die jeder Mensch an sich selbst machen kann, wird durch den Menschgewordenen neu erschlossen als etwas, dem eine Dimension der Gotteserfahrung zukommt. Die Lebendigkeit, die ein Mensch an sich selbst erfährt, ist nichts prinzipiell anderes als die Fülle des Lebens, die der Logos als seine schönste Gabe austeilt. Das Licht, das jedem Menschen leuchtet, der das Licht der Welt erblickt, gehört zur Erfahrungsdimension, die die Gottesgegenwart hat. Das göttliche Licht der Erleuchtung ist nichts prinzipiell anderes als das helle Licht der Sonne.

Daß die Rede von Gott nicht einfacher wird, wenn sie sich angesichts der Lebenserfahrung zu verantworten hat, darf niemanden von dieser Erfahrungsbezogenheit abhalten.[81] Während die Erfahrungswelt in der extremen Skepsis gleichgültig und undurchschaubar geworden ist, während sie in einem apokalyptischen Modell durch Heillosigkeit und Gottferne geprägt ist, wird die Lebenserfahrung hier als ein Bereich wahrgenommen, der auch Offenbarungsqualität hat. Daß die Erfahrungswelt eine positive Bedeutung hat für den Glauben an Gott, ihren Schöpfer, ist eines der schönsten Geschenke der weisheitlichen Theologie, auch an die Spätgeborenen, selbst wenn dies die Theologie sehr viel schwieriger und verletzlicher macht als ein apokalyptisches oder gnostisches Modell, das sich auf die Welt nur noch negativ beziehen kann.

So konkret der Logos im Fleischgewordenen anschaulich wird, so sehr muß er wieder ausgelegt werden in die weiten Räume, die die Weisheit einst durchmaß und denen ja auch der Logos ihr Gepräge gibt. Der Christus verkörpert die göttliche Zuwendung, weil er als Gnade und Wahrheit zur Erfahrung kam. Eben diese Verkörperung ist – gleich der aus den Dingen heraustretenden Weisheit – ein Widerstand gegen die Herrschaft des weltlichen Gemenges von Gnade und Ungnade, von Wahrheit und Lüge. Denn der Christus verweist den Menschen

---

81) Zum Problem des Erfahrungsbezugs der Offenbarung vgl. E. Herms, Offenbarung und Erfahrung, in: ders., Offenbarung und Glaube. Zur Bildung des christlichen Lebens, Tübingen 1992, 246-272.

an die Wahrheit, die er in jenem Gemenge *auch* erfährt, damit er sich an sie halte, und er verweist ihn an das gnädig Gewährte, das in jenem Gemenge *auch* vorkommt, damit er sein Leben darauf gründe. Wenn der Christus ausgelegt wird in die weiten Räume der Weisheit, wird klar, daß es keine theologisch belanglose Welterkenntnis geben kann. Denn in jeder Welterkenntnis erscheint etwas von jener Prägung, die dem Logos zu verdanken ist. Das Zusammenspiel alles Lebendigen etwa wird zur Auslegung des Beziehungsreichtums, den der Christus dem Leben zugrundelegte. Oder der Aufbau von ständig höheren Ordnungsstrukturen, der das Leben kennzeichnet,[82] wird zur Auslegung der Kreativität, die im Wundertäter und Retter Christus verkörpert ist, sofern er dem Chaos und der Unordnung Grenzen setzt. Ebenso wird klar, daß es keine theologische Erkenntnis geben kann, die für die Welterkenntnis belanglos wäre. Theologische Erkenntnis ist dann nicht bloß ethisch belangvoll, sondern sie ist es auch in dem Sinne, daß etwa die religiöse Wahrnehmung der Welt die Beschränkung aufbrechen kann, die sich in einer Welterkenntnis zeigt, die nur noch das Funktionieren der Welt oder die Beherrschbarkeit ihrer Abläufe sieht. Religiöse Wahrnehmung der Welt läßt die Würde und das Gewicht dessen erkennen, was in der Welterkenntnis erforscht wird. Und es wäre zu fragen, wie diese Dimension im Bereich der säkularen naturwissenschaftlichen Erkenntnisprozesse zum Zuge gebracht werden kann.

So wie es zum theologischen Ertrag des weisheitlichen Denkens gehört, daß es keine weisheitsfernen Bereiche gibt und demzufolge an der Sinnhaftigkeit des Geschaffenen festzuhalten ist, genauso gehört es zur Auslegung des Johannesprologs, die Sinnhaftigkeit des Lebens des Menschgewordenen bis an die äußersten Grenzen auszudehnen. Das hat zur Folge, daß die Welt einheitlich wahrgenommen wird, und diese Wahrnehmung wiederum unterläuft die Aufteilung der Welt in Welt und Gegenwelt, die Aufteilung der Menschen in Menschen und Unmenschen. Daß dadurch das Leiden, das Mißlingen, das Tödliche zu einem viel größeren Problem wird, darf niemanden davon abhalten, an der weisheitlichen Einsicht der Einheit der (gewiß vieldeutigen) Welt festzuhalten, die auch im Logos-Hymnus aufgenommen ist.

---

82) "Living systems might then be defined as localized regions where there is a continuous increase in order"; vgl. Art. Life, EBrit, vol. 22, 986.

2.5. Schluß

Das bisher Gesagte kann wie folgt zusammengefaßt werden: (1) Schöpfung ist in religiöser Perspektive eine Aussage über die elementaren Erfahrungen des Kreativen. Sie macht zugleich aufmerksam auf die Unhintergehbarkeit dessen, was dem Denken zum Nachdenken aufgegeben ist und hat in diesem Zusammenhang mit dem Ursprünglichen zu tun. Religiöse Kosmologie macht auf das Unvordenkliche aufmerksam; sie ist der Ausdruck des Staunens und der Dankbarkeit dafür, daß die Dinge sind, obwohl sie ebensogut ins Nichts verschwinden könnten.

(2) Zur religiösen Kosmologie gehört es wesentlich, den Menschen auf seinen Lebensraum einzustellen, darauf, daß es sich in dieser Welt leben läßt und daß man sich ihrer Ordnung nicht ungestraft widersetzt. In der religiösen Wahrnehmung der Welt geht es nicht primär um Vorstellungen über die Welt, sondern um eine angemessene Einstellung zur Welt, die ihr gerecht wird. Die religiöse Kosmologie betrifft in eminenter Weise das Sein des Menschen, und sie hat insofern große Folgen für das menschliche Tun. Die Dimension der Lebensdeutung, die in der religiösen Kosmologie im Vordergrund steht, würde wohl mit Vorteil auch naturwissenschaftlich ernster genommen. Und die Frage, welche Botschaft durch die naturwissenschaftliche Erkenntnis als solche vermittelt wird, müßte wohl theologisch bedeutend ernster genommen werden.

(3) Die religiösen Aussagen über den Logos Christus kulminieren darin, daß sie ihn Schöpfungsmittler nennen. Alles Geschaffene trägt sein Gepräge, die Kreatürlichkeit verbindet alles Gegebene mit dem Logos. Sache der Religion ist es, die Lebens-Erfahrungen transparent zu machen für die Dimension der Gotteserfahrung, welche in ihnen geborgen ist. Die Weisheitstheologie, zu der der Logoshymnus gehört, ist ein interessantes Paradigma für die Beziehung von Naturwissenschaft und Theologie. Denn in ihrem Kontext ist die Welterkenntnis theologisch belangreich, weil religiöse Aussagen, auch wenn sie weit über das Faktische hinausgehen, jedenfalls nicht weniger sagen dürfen als das, was im naturwissenschaftlichen Sinne der Fall ist. Und vielleicht sind auch die religiösen Aussagen belangreich für naturwissenschaftlichen Umgang mit der Welt, nicht zuletzt in dem Punkt, als der eine Logos, von dem alles das Gepräge hat, eben jenes große Plädoyer für die Einheit der Wirklichkeit in ihrer verletzlichen Komplexität verkörpert.

3. Ein Zürcher Werkstattgespräch

Theologie und Physik

Kommentiert von Markus Huppenbauer

Ursprünglich war geplant, dem vorliegenden Band eine ausführliche philosophische Einleitung beizugeben. Hier wären grundsätzliche und allgemeine, zum Teil gut bekannte Bemerkungen zum Verhältnis von Naturwissenschaft (insbesondere Physik) und Theologie insgesamt gemacht worden: zu den verschiedenen Modellen dieses Verhältnisses,[83] zur Frage der Einheit der Welt, zur Frage verschiedener Sprach- und Erkenntnisformen usw. Darauf wurde verzichtet, gerade weil das in der gebotenen Kürze nur sehr allgemein hätte durchgeführt werden können und weil es dazu insbesondere im angelsächsischen Bereich viel Fachliteratur gibt. Es schien uns sinnvoller, von den beiden vorliegenden Beiträgen auszugehen und auszuloten, wie denn diese spezifischen Positionen korreliert sind oder korreliert werden können.

Dazu führten Hans Weder und Jürgen Audretsch ein Gespräch, an dem ich (neben dem Notieren der wichtigsten Aussagen) aktiv beteiligt war. Wir haben uns dabei über Grund, Ziel und Vorgehen des Dialogs zwischen Theologie und Physik verständigt und einzelne inhaltliche Probleme der vorliegenden Texte diskutiert. Im Anschluß an dieses Gespräch habe ich versucht, die jeweiligen Positionen als schriftlichen Dialog systematisch zu rekonstruieren (ohne allerdings eine systematische Abhandlung der verhandelten Probleme zu generieren) und aus einer Beobachterperspektive zu kommentieren.[84] Bewußt wurde darauf verzichtet, die gewonnenen Einsichten in die schon vorliegenden Texte

---

83) Vgl. dazu unter vielen anderen Ian G. Barbour, Religion in an Age of Science, 1990, The Gifford Lectures 1989-1991, Volume 1, London (SCM Press), 4-30. Das Gespräch zwischen Weder und Audretsch ist am ehesten im Sinne seiner "dialogue"-Position (16) zu bestimmen. Es setzt weder die "independence" (10) voraus, noch intendiert es "integration" (23) der Wissenbestände.

84) Hans Weder und Jürgen Audretsch haben meinen Text gegengelesen und meine Rekonstruktion, wo nötig, im Sinne ihrer Position präzisiert. Die sprachliche Form des Dialogs geht allerdings in jedem Fall auf mich zurück.

einzubauen. Nicht ganz vermeiden ließen sich allerdings wegen der häufigen Bezugnahmen auf die voranstehenden Beiträge gewisse Wiederholungen. Um dem folgenden Dialog deutliche Konturen zu geben, habe ich die Aussagen von Audretsch und Weder *des öfteren zugespitzt und vielleicht stärker pointiert, als es diese selbst getan hätten.* Deswegen stehen denn auch nicht deren Namen über den einzelnen Gesprächspassagen. Um zusätzlich den Eindruck zu vermeiden, hier würden *die* Physik und *die* Theologie miteinander reden, spreche ich personal von einem Physiker und einem Theologen, deren Vorbilder natürlich die Positionen der Autoren Weder und Audretsch sind. Ein Beobachter, der theologisch und philosophisch kommentierend meine Position repräsentiert, unterbricht sozusagen auf einer Metaebene je nach Bedarf den Dialog.

So entstand ein Dokument, das deutlich den Charakter eines Werkstattgesprächs (aus einer ganz bestimmten Gesprächssituation heraus)[85] hat. Intendiert ist nicht ein systematisch und kohärent ausgebauter Diskurs über das Ganze, intendiert sind vielmehr Übergänge und Abgrenzungen von Fall zu Fall. Vorgeführt wird auch nicht eine spezifische und disziplinäre Fachsprache, sondern eine Sprache, die (hoffentlich) Anschlußmöglichkeiten in beide Richtungen zuläßt.

Dies scheint uns gut zu der Tatsache zu passen, daß wir in der akademischen Diskussion noch weit davon entfernt sind, breit konsensfähige Theorien zum Dialog zwischen Naturwissenschaften und Theologie zu haben. Es braucht kaum erwähnt zu werden, daß das vorliegende Kapitel also nur im Zusammenhang mit den übrigen Texten gelesen werden sollte.

---

85) In Zürich haben die Hochschularbeit der reformierten Landeskirche und das Hermeneutische Institut an der Theologischen Fakultät seit Jahren versucht, das interdisziplinäre Gespräch zwischen Theologie und Naturwissenschaften an ausgewählten Problemen zu führen. Jürgen Audretsch, Hans Weder und ich waren Teilnehmer einer diesbezüglichen Arbeitsgemeinschaft.

3.1. Warum wird ein Dialog zwischen Physik und Theologie geführt?

3.1.1. Der einzelne Mensch in der Lebenswelt als Schnittstelle von Naturwissenschaft und Religion

Physiker: Es sind, um das deutlich zu sagen, keine naturwissenschaftsinternen Gründe, welche den Dialog nötig machen. Die Naturwissenschaften, insbesondere die Physik, funktionieren nicht nur gut ohne die Theologie, sondern sind *per se* so aufgebaut, daß religiöses oder theologisches Wissen keine Rolle spielt. Es sind vielmehr die einzelnen Menschen, die als Schnittstellen von Naturwissenschaft und Religion fungieren. Deren intellektuelle Ehrlichkeit macht es nötig, nach dem Verhältnis von religiöser Erfahrung respektive Theologie und Naturwissenschaften zu fragen.[86]

Theologe: Thema der biblischen Texten sind allerdings nicht nur die *Einstellungen* von Menschen. Wer über seine Einstellungen zur Welt spricht (etwa in einem Schöpfungstext), macht sich immer auch Vorstellungen über die Welt, etwa ihren „Anfang" oder die Reihenfolge der entstandenen Dinge. So gesehen werden immer auch Aussagen über Phänomene gemacht, die auf andere Weise physikalisch thematisiert werden. Der Dialog ist also nötig, damit einerseits eine größere Vielfalt und Tiefe der Erkenntnis der Phänomene und andererseits ein größerer Sachbezug der religiösen Rede zustande kommt. Zu fragen ist darüber hinaus, ob die Tatsache, daß die Physik das in der religiösen Perspektive Wahrgenommene (etwa die „Würde des Geschaffenen")[87] ausblendet, nicht problematische lebensweltliche Folgen hat.

Physiker: Natürlich blendet die Physik bestimmte Aspekte der Phänomene aus, die religiös oder lebensweltlich relevant sind. Zum Problem würde das aber erst, wenn die Physiker diese Ausblendung vergessen und reduktionistisch argumentieren würden. Primär sind diese methodisch kontrollierten Ausblendungen der Physik also nicht für die Physik selbst interessant, sondern eher für die Menschen, die Physik treiben.

Beobachter: Der Theologe steht in einer Denktradition, die den Vorentscheidungen, grundlegenden Annahmen oder Axiomen einzelner

---

86) Noch weitergehend Audretsch (oben, 26): Die Theologie müsse im Unterschied dazu die Resultate der Physik zur Kenntnis nehmen.

87) Vgl. Weder oben, 50.

Wissenschaften großes Gewicht beimißt, insofern sie einen Einfluß auch jenseits des spezifischen Kontexts der entsprechenden Wissenschaft haben können, also (auch lebensweltlich) festlegen, was als Welt wahrgenommen und behandelt wird. Der Physiker muß diesen Einfluß nicht leugnen (mehr noch, er sieht in ihm den Grund für den Dialog[88]), aber er sieht darin kein Problem für die Physik. Er könnte eine „pragmatische" Position vertreten, in welcher das „Funktionieren" der Wissenschaft als plausibler Hinweis für die Richtigkeit ihrer grundlegenden Setzungen (etwa der Normalzustand der Entität „Massenpunkt"[89]) gilt.

So oder so entsteht die Frage nach dem Umgang mit Grenzen des physikalischen Wissens. Auch wenn der Physiker dessen Ausblendungen (etwa durch Angabe spezifischer Anwendungsbereiche) nicht leugnet und auch wenn er einen physikalischen Reduktionismus vermeiden will, stelle ich als Beobachter von außen die Frage: Was ist davon zu halten, daß gerade diese aufgeklärte „Physikphilosophie" nicht nur in der Physik selbst kaum eine wissenschaftspolitische Rolle spielt, sondern insbesondere in der Lebenswelt vieler Menschen nicht?

Physiker: Daß es andere, nicht-physikalische Perspektiven auf Welt gibt, zwingt die Physik nicht, sich als Disziplin zu ändern. Die Physik muß als Wissenschaft die Mehrdimensionalität der Welt ausblenden. Zudem: Es wäre physikintern prinzipiell so etwas wie eine Theorienpluralität möglich.[90] Man könnte beispielsweise innerphysikalisch Kraft auch anders definieren, etwa im Aristotelischen Sinne, wo Kraft die Ursache der Geschwindigkeit und nicht der Beschleunigung ist. Denkökonomische Kriterien lassen solche Alternativen aber als unplausibel erscheinen. Auch würde eine physikinterne Dauerreflexion auf solche Alternativmöglichkeiten kaum finanzielle Unterstützung finden.

Beobachter: Es versteht sich von selbst, daß man den Physikern keinen Vorwurf dafür machen kann, daß sie tun, was sie tun – nämlich Welt unter einer bestimmten Perspektive zu thematisieren. Daß die meisten Physiker heute zudem keine Reduktionisten mehr sind, dürfte auch klar sein. Ohne weiteres wird zugegeben, daß es physikexterne und

---

88) Vgl. Audretsch oben, 29.
89) Vgl. Audretsch oben, 40.
90) Vgl. Audretsch oben, 41.

lebensweltlich durchaus relevante andere Perspektiven auf Welt gibt. Anders sieht das in bezug auf den folgenden Fall aus: Immer wieder wurde Kritik an der physikalischen Perspektive selbst geäußert. Zu denken ist an Texte von Friedrich Nietzsche oder – um nur zwei Namen aus diesem Jahrhundert zu nennen – von Martin Heidegger und Georg Picht. Hier wird in der Regel nicht nur gesagt, die physikalische Perspektive sei lebensweltlich mit anderen zu ergänzen, sondern die physikalische Perspektive selbst sei nicht nur in ihren Anwendungsbereichen und Methoden begrenzt, sondern verstelle geradezu, was Welt eigentlich oder primär sei.

Ich beobachte, daß sich Physiker in der Regel mit Kritiken dieser fundamentalen Art schwer tun, weil hier die Physik selbst geändert werden müßte. Diesbezügliche Hemmungen sind natürlich leicht nachvollziehbar. Aber ist die Forderung nach Dauerreflexionen dieser Art den Physikern in bezug auf ihre eigene Disziplin nicht genauso zuzumuten wie sie umgekehrt den Theologen seit dem Erstarken der neuzeitlichen Naturwissenschaften zugemutet wird?

3.1.2. Lebensweltliche Plausibilitäten (am Beispiel des leeren Grabes)

Physiker: Immer wieder werden Naturwissenschaften und Religion als zwei völlig verschiedene Sprachspiele bestimmt, aber lebensweltlich läßt sich diese Differenzierung nie durchhalten. Wichtig ist auch die Tatsache, daß physikalisches Wissen lebensweltlich Plausibilitäten korrespondiert, die in bezug auf Religion und Theologie bestimmte Fragen zur Folge haben. So ist es im Kontext physikalischer Erkenntnismittel fast beliebig unplausibel, daß das Grab Jesu leer war.

Theologe: Gräber, in welche Tote gelegt wurden, werden nicht leer. Davon ist nicht nur heute, sondern auch zur Zeit Jesu auszugehen: Heute gehen wir aus wissenschaftstheoretischen Gründen davon aus, während zur Zeit Jesu dieselbe Annahme aus Gründen der Weltanschauung gemacht wurde. Die Auferweckung der Toten wurde erst am Ende der Zeit erwartet. Dieser Sachverhalt spricht einerseits gegen die Erfindungsthese, die These also, die Berichte vom leeren Grab seien bloße Erfindungen der Gläubigen: Auch damals galten Gräber als nicht leer. Warum sollte man also gegen diese Plausibilitäten eine entsprechende Geschichte erfinden? Andererseits läßt sich das leere Grab historisch nicht beweisen. Man steht also vor einem Dilemma, das nicht aufgelöst werden sollte. Denn ob das Grab leer war oder nicht, entscheidet nicht über die Plausibilität der Auferstehungsbotschaft.

Beobachter: Die vorliegende Passage könnte vom Physiker als Ausweichen interpretiert werden: Die Frage, ob das Grab nun wirklich leer war oder nicht, kann aber aus prinzipiellen Gründen keine Antwort finden. Das Grab dürfte also auch voll sein – und doch wäre damit die Rede von der Auferstehung nicht diskreditiert. Damit wird deutlich, daß religiöse Aussagen (auch wenn sie raumzeitliche Elemente enthalten) im Hinblick auf einen anderen Kontext als einen physikalischen interpretiert werden müssen.

Der im Kontext der Auferweckungsbotschaft zur Sprache kommende lebensweltliche Sachverhalt ist übrigens auch Menschen, die physikalischen Plausibilitäten hohes Gewicht beimessen, vertraut: Thema ist die Vorfindlichkeit des Lebens selbst und die Erfahrung, daß Menschen sich in ihren Lebensvollzügen nicht sich selbst verdanken. Thema ist, daß Menschen sich in ihren Lebensverhältnissen als mit „Lebensmitteln" Versorgte vorfinden – über das hinaus, was sie sich selbst erarbeiten können und müssen. Diese lebensweltlichen Sachverhalte könnten unter dem Stichwort „Kreativität" subsummiert werden.

3.2. Ziel und Vorgehen im Dialog zwischen Physik und Theologie

Beobachter: Der Physiker und der Theologe sind sich darin einig, daß das Ziel des Dialogs in einem besseren Verständnis der je eigenen Sache und jener der Gegenseite besteht.

Physiker: Im Hinblick auf den Dialog sind (1) Elementarisierungen der jeweiligen Wissensbestände und (2) Reflexionen auf die jeweiligen Methoden nötig. Dabei ist vor allem die Theologie gefordert, Elementarisierungen vorzulegen, die auf mögliche Mißverständnisse der Naturwissenschaften Rücksicht nehmen. Solche Mißverständnisse entstehen dort, wo gleiche Worte (wie „Zeit", „Anfang", „Ursprung", „Ursache", „Ordnung" usw.) in unterschiedlichen Kontexten mit anderen Bedeutungen verwendet werden.

Beobachter: Ein eigenes Problem besteht darin, daß Begriffe wie „Ursache", „Zeit" usw. heute gerne physikalisch konnotiert werden. Dadurch entsteht die Gefahr, daß auch außerhalb der Physik die Mehrdimensionalität von Welt ausgeblendet wird. Dafür sind allerdings nicht nur die Physiker verantwortlich zu machen. Physikalische Perspektiven auf Welt (etwa im Bereich technischer Anwendungen) sind heute auch für religiöse Menschen lebensweltlich von großer Plausibilität.

Theologe: Die Mehrdimensionalität der Perspektiven auf Welt, in welcher der Dialog resultieren soll, ist übrigens nicht Thema einer Superwissenschaft, etwa der Philosophie, die das Ganze exklusiv im Blick hat. Auch das Ganze ist selbst immer nur perspektivisch thematisierbar. Es ist also falsch zu meinen, es gäbe (bei Kollisionen etwa unterschiedlicher Wissensbestände) eine unabhängige rationale Instanz, die festlegen kann, welche Sätze sinnvoll sind und welche nicht. Wenn sich also nicht alle religiösen Sätze in andere, bekanntere oder uneingeschränkter geltende Sprache übersetzen lassen, entscheidet nicht eine unabhängige Rationalität über deren Geltung, sondern die Lebenserfahrung, welche Menschen mit den sie konstituierenden und sie umgebenden Phänomenen machen.

Beobachter: Diese Position impliziert nicht, daß die Philosophie im Dialog zwischen Physik und Theologie keine Funktion hätte. Im Gegenteil, sie wirkt gerade dann, wenn allgemeine Begriffsanalysen zur Vermeidung von Mißverständnissen nötig sind. Sie verhindert zudem als reflexiver Puffer, daß Theologie und Physik zu schnell aufeinander bezogen werden. Dann etwa, wenn durch die Integration je der Wissensbestände eine Art Zusammenschau auf das Ganze erzeugt werden soll oder wenn in Selbstinterpretationen von Physik und Theologie von unterschiedlichen Perspektiven auf eine (oder sogar dieselbe)[91] Wirklichkeit gesprochen wird. In bezug auf solche und ähnliche Probleme tritt Philosophie als kritische Instanz auf, die methodologische und erkenntnistheoretische Naivität aufklärt.[92]

3.3. Der Rückbezug auf den Schöpfer

3.3.1. Die „Würde des Gegebenen" interpretiert als „gnädig Gewährtes"

Theologe: Zentral ist bei religiöser Sprache, daß ihre Bilder und Metaphern nicht beliebig austauschbar sind. Das jesuanische Gleichnis etwa von der selbstwachsenden Saat (Mk 4,26 ff.) kann nicht einfach

---

91) Vgl. Wolfhart Pannenberg, Systematische Theologie, Bd. 2, Göttingen 1991, 103.

92) Vgl. dazu als eine der neueren Arbeiten John McDowell, Geist und Welt, Paderborn 1998.

durch ein anderes Bild ersetzt werden. Ohne das natürliche Phänomen der „selbstwachsenden Saat" hätte die Rede vom Reich Gottes keinen Realitätsbezug. Damit ist so etwas wie eine Testmöglichkeit für die religiöse Rede gegeben: Würde die von Menschen ausgesäte Saat nämlich nicht von selbst wachsen, wäre das Gleichnis sinnlos. Religiöse Rede setzt also den „Stoff der Welt" voraus. Welt ist, solange sie nicht in apokalyptischer Perspektive abgewertet wird, sozusagen Bildspenderin für die religiöse Sprache.

Physiker: Auffallend ist, daß religiöse Rede diesen Stoff der Welt immer rückbezieht auf etwas anderes, den Schöpfer. So spricht sie nicht einfach vom Vorgefundenen, sondern vom „gnädig Gewährten",[93] was einen Geber des Gewährten voraussetzt.

Theologe: Hier ist ein Gespräch darüber fällig, was als „Normalzustand"[94] zu gelten hat. Wenn die Existenz der Dinge selbstverständlich, sozusagen physikalischer Normalzustand ist, braucht man nicht vom „gnädig Gewährten" zu reden. Und auch die Physik ist ja darauf angewiesen, daß ihr „Normalzustand" gegeben ist. Die Metapher vom „gnädig Gewährten" ist zwar sicher kein physikinterner Ausdruck, aber seine Plausibilität muß sich auch im Hinblick auf die grundlegenden Annahmen der Physik zeigen lassen.

Physiker: Ich behaupte nicht, daß die Existenz der ausgeformten Dinge, z. B. meine eigene Existenz selbstverständlich ist. Was ich als physikalischen Normalzustand bezeichne, ist etwas anderes: die ständige Anwesenheit von irgend etwas, was im Prinzip der physikalischen Beschreibung zugänglich ist. Die Physik ist nicht darauf angewiesen, daß ihr „Normalzustand" im theologischen Sinn gegeben ist. Es reicht, daß er vorgefunden wird. Und auch in bezug auf meine eigene Existenz ist doch zu fragen, ob hier ein expliziter Rückbezug auf einen Schöpfer nötig ist. Reicht es nicht, ein Gefühl des Beschenktseins zu enwickeln?

Theologe: Das (Gefühl von) Beschenktsein und einen Begriff vom Schöpfer muß man nicht notwendigerweise zusammen denken. Aber der Rekurs auf den Schöpfer vertieft die Erfahrung des Beschenktseins. Er geht von der menschlichen Erfahrung aus, daß ich sterben muß, und findet ein Sprache des Dankes dafür, daß ich mit all den anderen Ge-

---

93) Vgl. dazu Weder oben, 62.
94) Vgl. dazu Audretsch oben, 40.

schöpfen bin. Daß ich *nicht* oder nicht mehr bin, das kann ich zwar nicht erfahren, aber aufgrund meiner Erfahrungen mit den Dingen der Welt *denken*. So gesehen fungiert der Rekurs auf den Schöpfer auch als eine Sprache des Trostes in der Situation des antizipierten Nicht-Seins.

Physiker: Das ist auch für einen Physiker verständlich, aber dafür ist die Kosmologie nicht zuständig. Das Nicht-Sein ist ja kein Problem der Physik, sondern eben eher des menschlichen Lebens und dessen Sinngebung. Der Rekurs auf den Schöpfer suggeriert aber, daß Gott die Ursache des Seins der Dinge sei. Was könnte das denn noch bedeuten?

Beobachter: Daß der Physiker zunächst Mühe hat, die religiöse Sprache (vom Schöpfer) in bezug auf seine Wissenschaft zu orten, hat vermutlich auch damit zu tun, daß in der Sprache etwa der Gleichnisse Jesu vor allem Bilder aus dem Bereich der lebensweltlichen Biologie aufgenommen werden. Fragen nach der Kreativität, welche im Leben wirkt, gehören nicht zum Standardrepertoire der Physik. So gesehen ist zu fragen, ob der Dialog der Theologie mit der Physik hier nicht an thematische Grenzen stößt.

Physiker: Dürfte man, um die begrifflichen Konfusionen im Kontext des Begriffs vom Schöpfer zu vermeiden, statt von „Geschaffenem" von „Vorgefundenem" reden?

Theologe: Eher könnte man von der kreativen Macht reden, die sich im Vorgefundenen zeigt. Auf jeden Fall ist der Schöpfer nicht eine quasi-physikalische Ursache (etwa „zeitlose Verursachung"[95]) des Universums. Die Rede von dieser Macht ist freilich nicht erzwingbar, das ist wesentlich.

Beobachter: Religiöse Sprache (zumindest im Fall des biblischen Glaubens) sucht nie vergleichbar der Physik nach „objektiven" Fakten und Theorien über die Welt (der Dinge). Immer ist, wie man etwa am Ausdruck vom gnädig Gewährten beobachten kann, ein bestimmtes Lebensverhältnis der Menschen zu diesen Dingen und zur Welt überhaupt mittransportiert. Das heißt, religiöse Sprache ist in ihrem Zentrum anthroporelational.[96] Das heißt nicht zu sagen, sie sei anthropozentrisch, denn ebenso zentral ist ja der Bezug auf Gott. Es gibt theo-

---

95) Vgl. dazu Audretsch oben, 38.
96) So auch Audretsch oben, 46.

logische Positionen, die deshalb vom „lozierenden Charakter" der Rede vom Schöpfer sprechen: Der Schöpfungsbegriff „ist kein deskriptives, sondern ein lozierendes Prädikat, das den Wesen, von denen es prädiziert wird, keine weitere charakterisierende Bestimmung hinzufügt, sondern diese zusammen mit all ihren Bestimmungen in Bezug zu Gott ortet, d. h. als ursprüngliche Setzung und permanentes Korrelat göttlichen Handelns ausgibt."[97] Damit ist nicht impliziert, religiöse Rede müsse subjektivistisch interpretiert werden. Es geht um ein Zur-Sprache-bringen von Erfahrungen, die Menschen in bezug auf die Welt und ihre Dinge machen (können) und die insofern nicht beliebig sind. Der Rückbezug auf den Schöpfer muß sich der Evidenz des Gegebenen preisgeben. Daß diese Sprache immer kulturell geprägt ist, nimmt diesen Erfahrungen nicht ihre sachliche Berechtigung.

3.3.2. Das Problem der Destruktivität

Physiker: Wenn man von der Macht spricht, die sich im Vorgefundenen zeigt, ergibt sich aber das Problem, daß im Vorgefundenen ja nicht nur Kreativität im Sinne des Lebensdienlichen, sondern auch Destruktivität wirkt.

Theologe: Der Glaube spricht deshalb von der „gefallenen Welt". Es geht, um es bildhaft zu sagen, ein „Riß durch das Universum".[98] Die gegenwärtige Welt ist nicht so, wie sie gemäß den Schöpfungsgeschichten erschaffen wurde. Aber sie ist auch nicht völlig anders und insofern konnte gesagt werden, sie trage „die Spuren der Schöpfung noch immer in sich".[99]

Rede von Schöpfung wird diese Ambivalenz nicht los. Sprachlich ist deshalb aufzupassen, daß man sie nicht unterschlägt. So wurde vorgeschlagen, man könne sagen, Welt sei nicht so, wie sie als Schöpfung von Gott sein sollte.[100] Das Problem dieser Formulierung besteht darin, daß das „sein sollte" kaum nachvollziehbare futurische Implika-

---

97) So Ingolf U. Dalferth, Gedeutete Gegenwart. Zur Wahrnehmung Gottes in den Erfahrungen der Zeit, Tübingen 1997, 215.
98) Weder oben, 52.
99) Weder oben, 53.
100) Vgl. Ingolf U. Dalferth, Gott. Philosophisch-theologische Denkversuche, Tübingen 1992, 122.

tionen hat:[101] Wird denn die Welt, weil sie anders sein sollte, als sie es faktisch ist, in Zukunft besser? Wenn nein, welchen Sinn hat dann dieses „sein sollte"? Theologisch ist es ehrlicher, hier von einer Ambivalenz zu reden, und das Destruktive nicht theologisch erklären zu wollen. Allerdings ist festzuhalten, daß auch in der vorgefundenen Welt das Destruktive asymmetrisch zu denken ist: Es ist immer auf das Vorgefundene (auf Sein und dessen Ordnung) angewiesen, um überhaupt eine Wirkung entfalten zu können.

Beobachter: Immer wieder ist zu beobachten, daß sich Theologen an dieser Stelle mit quasi-„evolutionstheoretischen" Theoremen aus dem Gebiet der Biologie und Physik retten wollen. Daß aber die Welt zunehmend komplexer wurde und wird, impliziert nicht, daß sie (moralisch) besser wird. Unter den Bedingungen der Endlichkeit ist ein Wegfall der Destruktivität zudem nicht einmal denkbar: Übel und Leiden gehören zur Natur und zum Zusammenleben endlicher Wesen. "In a world as large, as complex, and with as many individuals and species as our planet has, the good of some will inevitably occur at the expense of others."[102] Insofern sind naturtheologische Entwürfe, die Gott nach dem Ende eines statisch-mechanistischen Bildes vom Universum zum „Organisationsprinzip" u. ä. der Evolution des Universums und des Lebens machen wollen, mit Vorsicht zu genießen. Utopische Entwürfe vom ursprünglichen Paradies oder vom eschatologischen Frieden entsprechen mitnichten evolutionären Gesamttendenzen der Natur, sondern gewinnen ihre Kraft allenfalls aus der Hoffnung, welche auf die nicht-destruktiven Aspekte der Welt gesetzt wird.

Angesichts des 2. Hauptsatzes der Thermodynamik (einem der wichtigsten physikalischen Grundsätze mit einem finalen Gehalt) und angesichts des zukünftigen Kältetodes auch der Erde, sehe ich unüberwindbare Schwierigkeiten darin, von theologisch interpretierbaren Tendenzen in der Evolution zu reden.

---

101) Deutlich bei Dalferth, a. a. O., 125: Die eschatologische Differenz „zwischen dem, was der Fall ist, und dem, was noch nicht der Fall ist, aber der Fall sein wird".
102) Sallie McFague, The Body of God. An Ecological Theology, London 1993, 175.

3.4. Der Ursprung der Welt

3.4.1. Ein nicht physikalisch interpretiertes Ursprungskonzept

Physiker: Die Theologen wehren sich häufig dagegen, „schaffen" im Sinne von „machen" (wie beim Demiurgen in der platonischen Kosmologie) zu verstehen. Eine mögliche Präzisierung lautet wie gesehen: „Schaffen" heiße angesichts der Möglichkeit des Nicht-Seins (der Welt) davon zu reden, daß diese ins Sein gebracht, sozusagen als Existenz erzeugt sei. Aber ist das wirklich verständlicher? Oberflächlich gehört, hat das doch physikalisch-zeitliche Implikationen. Was meint der Theologe also, wenn er trotz der damit verbundenen Verstehensschwierigkeiten, so theologisch vom Ursprung der Welt spricht?

Theologe: Hervorzuheben ist, daß hier nicht eine kausal-zeitliche Erklärung der Welt im Sinne physikalischer Kosmologie zur Debatte steht. Es wird auch nicht das gemäß der Physik als Normalzustand Vorausgesetzte und letztlich Unerklärbare – nämlich daß es Welt gibt – doch erklärt. Die Welt wird vielmehr als solche gewürdigt. Theologische Aussagen zum Ursprung sind also verständlich nur aufgrund der Tatsache, *daß es Welt gibt*. Thema ist die Bedeutung oder der Sinn der Tatsache, daß es Welt gibt.

Natürlich ist mit der Tatsache, daß es Welt gibt, auch die paradoxe Frage nach der Entstehung von Zeit respektive dem Anfang des Universums gegeben. Aber nochmals: Primär wird in der Theologie nicht ein Anfang *in* der Zeit gesucht, sondern allenfalls der „Ursprung der Zeit" selbst, das also, was Zeit in religiöser Perspektive zu dem macht, was sie ist. Erzählt wird also in den Schöpfungsgeschichten keine kausal-zeitliche Abfolge. In Form einer Geschichte – die sich freilich entsprechender Metaphern bedient und als Geschichte temporal strukturiert sein muß –, wird vielmehr die vorliegende Welt in ihren Tiefendimensionen gewürdigt.

Beobachter: Religiöse Sprache verwendet bei der Thematisierung der erwähnten Sachverhalte ständig raum-zeitlich geprägte Bilder und Metaphern („schaffen", „Ursprung", „zugrundelegen" usw.), die aber nicht im Sinne der Physik interpretiert werden dürfen, auch wenn unsere Plausibilitätserwartungen physikalisch geprägt sind. Man müßte hier geradezu ein Verbot linear-kausaler Interpretationskategorien fordern. Zusätzlich ergibt sich das Problem, daß die von Weder „unvordenklich" genannten grundlegenden Phänomene,[103] etwa der „Ursprung der Welt" (religiös als Schöpfung zur Sprache gebracht), die Grenzen physikalisch geprägter Alltagssprache sichtbar machen. Diese Sprache gerät ins Taumeln. Trotzdem lassen sich die Fragen, auf welche sie Antworten zu geben versucht, nicht abwimmeln. Es gibt so etwas wie eine lebensweltliche Notwendigkeit, das Unsagbare zu sagen.

Auffallend ist – um damit eine sehr generelle Beobachtung zu machen –, wie häufig religiöse (Schöpfungs-)Rede buchstäblich (sozusagen als – dann natürlich unverständliche – Prozesse und Geschehnisse in physikalisch definiertem Raum bzw. physikalisch definierter Zeit) interpretiert wird. Ergebnisse historisch-kritischer Forschung, wie sie in der wissenschaftlichen Theologie seit langem betrieben wird und welche es erlaubt, auch mit religiösen Alltagsplausibilitäten kritisch umzugehen, sind insbesondere bei den populärwissenschaftlichen Autoren aus dem angelsächsischen Bereich kaum bekannt. Letzteres hat nicht nur mit mangelnden Anstrengungen von Theologie und Kirche zu tun, sondern auch mit einer gewissen Trägheit vieler Naturwissenschaftler, Ergebnisse wissenschaftlicher Theologie zu rezipieren.[104]

Generell scheinen Naturwissenschafter anders als Theologen mit Bildern und Metaphern umzugehen. Sie verwenden zwar sehr häufig zur Veranschaulichung oder Vereinfachung Bilder und Metaphern (etwa Urknall, schwarzes Loch, Quark, egoistisches Gen, offenes System usw.), weisen jedoch nicht immer deutlich genug darauf hin, daß es sich dabei um bildhafte Modelle handelt. Das hat dazu geführt, daß die Naturwissenschaften heute zu einem der wichtigsten Metaphernlieferanten der Theologie geworden sind, die Theologen aber häufig in die Falle eines buchstäblichen Verständnisses solcher Ausdrücke treten (was sie umgekehrt bei Naturwissenschaftlern monieren). Die Naturwissenschaftler wissen natürlich, daß sie „nur" Bilder in bezug auf Sachverhalte verwenden, die auch in „eigentlicher" Sprache (mathematische Modelle im

---

103) Vgl. Weder oben, 60.
104) Zu den wenigen der diesbezüglichen Ausnahmen im deutschsprachigen Raum gehören Arnold Benz, Die Zukunft des Universums. Zufall, Chaos, Gott?, Düsseldorf 1997, und Jürgen Audretsch, Physikalische und andere Aspekte der Wirklichkeit, in: Jürgen Audretsch (Hrsg.), Die andere Hälfte der Wahrheit. Naturwissenschaft. Philosophie. Religion, München 1992, 13-38.

Fall der Physik oder nicht-teleologische Prozeßbeschreibungen und -erklärungen in der Biologie u. ä.) formuliert werden können und müssen.[105]

Diese Beliebigkeit (wenn es mit „Urknall" nicht geht, eben ein anderes Bild zu erfinden) liegt im Fall der religiösen Bilder nicht mehr vor. Daraus könnte geschlossen werden, diese Bilder seien „wörtlich" zu nehmen. Es ist für Theologen offensichtlich schwierig zu zeigen, daß die Bilder religiöser Sprache sowohl die Sache wirklich treffen sollen, aber eben doch nur Bilder sind. Es gibt gute Argumente, mit Ian Barbour an einer Form von "critical realism" (1990:45) festzuhalten. Religiöse Modelle, so seine These, sind ernst, aber nicht buchstäblich zu nehmen: "They are neither literal descriptions of reality nor useful fictions, but human constructs that help us interpret experience by imagining what cannot be observed" (1990:45).

Physiker: Man kann also festhalten, daß es in der Schöpfungstheologie nicht um den zeitlichen Anfang der Welt im Sinne physikalischer Kosmologie geht, sondern um etwas, was im Hier und Jetzt erscheint. Zu denken wäre also etwa an die jesuanische Rede von den Lilien auf dem Feld. (Mt 6,28 ff.) Stimmt das, dann ist allerdings die religiös und theologisch immer wieder zitierte Formel „Im Anfang schuf Gott..." (Gen 1,1) mehr als mißverständlich und sollte angesichts der lebensweltlichen Interpretationsbedingungen, die heute herrschen, vermieden werden. Sinnvoller scheinen Anschlüsse an neutestamentliche Texte.

Theologe: Genau! Wenn im Anschluß an Paulus davon gesprochen wurde, der Logos sei „so etwas wie eine grundlegende Information des Universums",[106] dann heißt das: Was an dem Christus sichtbar geworden ist, ist das Grundlegende im Universum – das, worauf es (für Menschen) ankommt. Was bei Paulus „Neuschöpfung" heißt (2Kor 5,17), was Menschen in der Begegnung mit der grundlegenden kreativen Macht (also Gott) erfahren, ist auch grundlegend im Universum. Dieses Grundlegende kann man als Ursprung der Welt bezeichnen.

Beobachter: Das Wort „Ursprung" wird hier offensichtlich nicht im Sinne eines kosmologischen Prinzips verstanden, aus dem alles ande-

---

105) Vgl. hierzu Richard Dawkins, Und es entsprang ein Fluß in Eden. Das Uhrwerk der Evolution, München 1996, 114 ff.
106) Vgl. Weder oben, 72.

re abgeleitet oder mit dem alles andere erklärt werden kann. Es ist, wie man gerade an der Formulierung „Schöpfung ist die Welt, wie sie ursprünglich von Gott erschaffen wurde"[107] verdeutlichen kann, auch wieder anthropo-relational zu interpretieren. Als Ausdruck jenes Glaubens also, der sein Vertrauen auf die (tatsächlich vorkommende, also nicht einfach erfundene, aber auch nicht alles beherrschende) lebenschaffende Kreativität setzt. Insofern kann gesagt werden, es gehe im christlichen Glauben um eine spezifische „Erfahrung mit der Erfahrung". Analog zum methodischen Vorgehen in den Naturwissenschaften werden bestimmte Erfahrungen durch bestimmte Settings konstruiert.[108] Mit dem Wort „Ursprung" werden bestimmte Erfahrungen an und mit der Welt, respektive bestimmte lebensweltlich, aber auch physikalisch erfahrbare Phänomene theologisch interpretiert und als Spuren des Schöpfers wahrgenommen.

3.4.2. Schöpfung aus dem Nichts und Urknall

Physiker: Die hier diskutierten Schwierigkeiten stellen keine exklusiv theologischen Interpretationsprobleme dar. Auch in der Physik gibt es Vergleichbares. Die Quantenmechanik verwendet einige, aber nicht alle Konzepte der klassischen Physik und präzisiert sie neu. Daher machen innerhalb der Quantenmechanik manche Aussagen, die in der klassischen Physik unproblematisch sind, keinen Sinn mehr. Sie können zu Widersprüchen führen. So kann z. B. im allgemeinen nicht von der Bahn eines Quantenobjekts gesprochen werden. Da unsere Sprache aber üblicherweise die Sprache der Alltagsphysik ist, wird Quantenmechanik so auch zu einer Lehre vom richtigen Sprechen über physikalische Phänomene.

Um aber doch wieder auf die Theologie zurückzukommen. Analog zur Frage nach dem Ursprung haben die Physiker bei der Formel der „Schöpfung aus dem Nichts" Verständnisprobleme. Was soll man sich darunter vorstellen?

Theologe: Die Rede vom Nichts darf auf keinen Fall so interpretiert werden, als stehe (zeitlich) vor der Welt ein Zustand „Nichts" und

---

als ob mit dieser Formel die Existenz der Dinge erklärt werden könnte. Ausgehend von der existenziellen Antizipation des eigenen Nicht-Seins steht das Wort „Nichts" dafür, daß auch die Dinge, wie sie sind, *nicht* sein könnten und irgendeinmal aufhören werden zu sein. So gesehen ist ihre Existenz *nicht* selbstverständlich und evoziert darum immer die Frage nach dem Sinn der Welt.

Auch wenn die Frage nach dem Ursprung und entsprechende theologische Formeln wie „Schöpfung aus dem Nichts" Mißverständnisse produzieren können, sollte man sie dennoch nicht verbieten. Wird nicht auch in der physikalischen Kosmologie selbst mit ihren Extrapolitionen hin zum Anfang entsprechend gefragt? Wird hier nicht sozusagen ein Zeitpunkt t=0 anvisiert?

Physiker: Man kann das nicht so sagen. Die Meinung, irgendwann müsse doch mal Schluß sein beim Zurückgehen auf der Zeitachse, ist eine Phantasie, mehr nicht. Die Frage nach t=0 ist im Kontext heutiger Physik nicht beantwortbar. Sie zu beantworten hieße, die Grenze des physikintern Zulässigen zu überschreiten. Die Grenze signalisiert aber auch, daß „Dinge geschehen", die wir uns mit den physikalischen Erkenntnismitteln nicht vorstellen können.

Theologe: Die Theologie wird also aufpassen müssen, daß sie nicht aus diesen Grenzen der Physik auf falsche Weise Kapital schlägt. Eine Urknallmythologie bringt weder theologisch noch physikalisch etwas.

Beobachter: Das Problem besteht für Nicht-Physiker wohl darin, die physikalischen Angaben zur Geschichte des Universums nicht über das hinaus zu interpretieren, was gemäß der Physik sachlich und logisch möglich ist. Man kann heute sinnvoll bis zu einem Weltalter von 10^{-6} Sekunden zurückrechnen.[109] Projiziert man solche Aussagen auf eine lineare Zeitachse, fragt es sich fast wie von selbst: Warum nicht ein Vorher zu diesem Zeitpunkt denken, bis hin zu t=0? Die physikalisch zugängliche Zeit wird fast wie von selbst sozusagen metaphysikalisch verlängert, in einen vor dieser Zeit liegenden Ursprung. Von der modernen Physik kann man lernen, daß dies naive Metaphysik ist.

Die Grenzen des physikalischen Zeitverständnisses müssen allerdings auch in bezug auf religiöse Konzepte beachtet werden. Die linear-

---

109) Zum Problem vgl. Audretsch oben, 34 f.

quantitative Konzeption von Zeit,[110] wie sie heute in den Naturwissenschaften üblich ist, ist auch lebensweltlich in Form von Planungssystemen unterschiedlicher Art hochwirksam. Traditionell religiöse Konzepte wie „Jenseits", „Ewigkeit", „Ursprung" usw. müssen in ihren Gehalten also ständig vor physikalisch durchaus plausiblen Interpretationskategorien geschützt werden.

Theologisch ergiebiger als die Frage nach der Vergangenheit ist wohl eher die Frage nach der Zukunft:[111] Im Anschluß an eschatologische Modelle der Bibel versuchen einige Theologen Schöpfung über einen Begriff der Zukunft zu bestimmen.[112]

3.5. Gottesbeweise, Verläßlichkeit der Welt und Ethik

Physiker: Offensichtlich will die hier verhandelte Theologie nicht im Sinne einer klassischen natürlichen Theologie auftreten. Sie wird also auch eher skeptisch gegenüber Gottesbeweisen sein?

Theologe: Religiöse Erfahrung und Sprache sind im Unterschied zu physikalischer Erfahrung nicht streng reproduzierbar. Mehr noch: Kein Mensch würde glauben, nur weil man ihm die Existenz Gottes rational bewiesen hat. Der Glaube zeichnet sich durch eine Art Verletzlichkeit aus. Es geht hier um Erkenntnisse, die ihre Wahrheit verlieren würden, wenn man sie erzwingen wollte. Christliche Rede von Gott ist genausowenig zwingend, wie es etwa die Musik von Mozart ist. Natürlich kann man sie wie diese analysieren, ihre Entstehungsbedingungen untersuchen und fragen, wofür sie auf welche Weise gut ist. Natürlich versucht christliche Theologie auch rationale Rechenschaft über ihre

---

110) Als Versuch, die Grenzen solcher Konzeptionen auch in bezug auf die Naturwissenschaften selbst nachzuweisen, vgl. Markus Huppenbauer/Armin Reller: Stoff, Zeit und Energie. Ein transdisziplinärer Beitrag zu ökologischen Fragen, in: GAIA 5 (1996) 2, 103-115.

111) So auch Audretsch oben, 46.

112) Vgl. etwa Christian Link, Die Transparenz der Natur für das Geheimnis der Schöpfung, in: Günter Altner [Hrsg.], Ökologische Theologie. Perspektiven zur Orientierung, Stuttgart 1989, 166-195. Zentral ist in Links (von Georg Picht geprägtem) Entwurf „die Frage nach der Zukunft der Welt, nach der durchaus nicht selbstverständlichen Verläßlichkeit und Dauer ihrer tragenden Ordnungen ... Schöpfung ist, so verstanden, ... in einem radikalen Sinn creatio ex nihilo, die zunichte gemachte Möglichkeit, daß die Welt ‚wieder zu Staub werden', daß sie, was an sich wohl denkbar wäre, keine Zukunft haben könnte" (189).

Rede von Gott abzulegen. Insofern wird zu zeigen versucht, daß die christliche Rede von Gott alles andere als beliebig ist. Aber bevor, während und nachdem dies geschehen ist, läßt Gottrede analog zur erwähnten Musik von Mozart für achtsame Menschen Tiefendimensionen der Welt wahrnehmbar werden.

Physiker: Die vom Theologen erwähnten Erfahrungen sind auch dem Physiker bekannt. Selbst wenn er in seiner Disziplin immer vom Existierenden als einem Normalzustand ausgeht,[113] macht dieser Ausgangspunkt nicht das Staunen überflüssig. Und in vielen Situationen des alltäglichen Lebens ist man geradezu dankbar für das, was in der Physik als Normalzustand definiert ist.

Theologe: Hier zeigt sich denn auch die Relevanz der Gehalte der Naturwissenschaften.[114] Sie explizieren und erklären die Verläßlichkeit der Welt, sie zeigen, was es konkret heißt, die Welt als verläßliche wahrzunehmen. Eine Verläßlichkeit, die gerade angesichts der immer wieder eintretenden Katastrophen, Unregelmäßigkeiten, kurz: dem Chaos, evident ist. Diese Verläßlichkeit nehmen die biblischen Texte und mit ihnen religiöse Menschen als Hinweis auf eine lebensgewährende, kreative Macht wahr.

Physiker: Die Verläßlichkeit würde man physikalisch als Erhaltung formulieren, und damit haben wir wieder die oben erwähnte Frage, wozu, was physikalisch benennbar ist, auch theologisch zur Sprache kommen muß.

Beobachter: Häufig wird an solchen Stellen betont, daß es in der Religion nicht so sehr um das Bestimmen dieser Verläßlichkeit (also etwa der Lebensordnungen) gehe, sondern um eine Art Ethik, also etwa das Bewahren der Lebensgrundlagen. Selbstverständlich haben religiöse Wahrnehmungen von Welt ethische Folgen.[115] Demgegenüber ist festzuhalten, daß bei vielen Schöpfungstexten der Bibel kein direkter Über-

---

113) So Audretsch oben, 42.

114) Vgl. dazu Karl Schmitz-Moormann, Materie – Leben – Geist. Evolution als Schöpfung Gottes, Mainz 1997, der versucht, das „evolvierende Universum als Schöpfung zu lesen" (9), und zwar so, daß er konkrete und einzelne Wissensbestände bestimmter Naturwissenschaften (also nicht einfach das Universum an sich) theologisch interpretiert, ohne Gott als Schöpfer aus ihnen ableiten zu wollen.

115) Vgl. hierzu Weder oben, 70.

gang von Schöpfungswahrnehmung zu „schöpfungsgerechtem" Handeln gefordert wird. Schöpfungstexte sind zwar Orientierungstexte. Aber sie orientieren die Weltwahrnehmung so, daß sie gerade nicht primär vom Menschen als einem handelnden Subjekt sprechen, welches die Welt anständig zu behandeln hat. Im Zentrum steht vielmehr das allem menschlichen Handeln zuvorkommende Wirken Gottes, welches die Menschen mit Lebenszeit und Lebensmitteln begabt. Die bildhaften und metaphernreichen Geschichten des so „gnädig Gewährten" thematisieren Gott als den Schöpfer.

Zu fragen ist, ob unsere Gesellschaft nicht neben allem naturwissenschaftlichen, technologischen und ökonomischen Wissen und Handeln solche bewußt gemachten Erfahrungen der Angewiesenheit braucht, um wirklich Verantwortung für die zukünftigen Generationen übernehmen zu können. Nur wer am eigenen Leib erfahren hat, daß die Lebensgrundlagen ein Geschenk sind, das wir nicht selbst herstellen können, bewahrt sie für die nachkommenden Generationen. Praktische Verantwortung – so die dahinterstehende These – ist also nicht nur eine Folge abstrakter ethischer Prinzipien, sondern auch der eigenen Erfahrung mit der dem Leben zugrundeliegenden Kreativität.

Zu den Autoren

Prof. Dr. Jürgen Audretsch, Jahrgang 1942, ist Professor für Theoretische Physik an der Universität Konstanz. Quantenoptik, Quantenfeldtheorie sowie die Allgemeine Relativitätstheorie gehören unter anderem zu seinen Forschungsgebieten. Neben zahlreichen Artikeln in Fachzeitschriften und Sammelbänden schreibt er für einen breiteren Leserkreis, der sich mit den Beziehungen zwischen Physik und Wissenschaftstheorie sowie zwischen Physik und Theologie befaßt.

Prof. Dr. Hans Weder, Jahrgang 1946, Ordinarius für Neues Testament an der Universität Zürich, ist u. a. Mitglied der Studiorum Novi Testamenti Societas, der Académie Internationale des Sciences Religieuses und der Theologischen Kammer der EKD. Er verantwortet die Hauptherausgeberschaft der „Theologischen Literaturzeitung" und ist Mitherausgeber der Kommentarreihe „Neues Testament Deutsch" sowie der „Zeitschrift für Theologie und Kirche". Er ist der designierte Rektor der Universität Zürich.

Dr. Markus Huppenbauer, Jahrgang 1958, ist Mitarbeiter für Hochschulfragen der Abteilung „Bildung und Gesellschaft" der evangelisch-reformierten Landeskirche Zürich und Dozent der Schweizerischen Studienstiftung. Er wurde mit einer Arbeit zum Thema Mythos und Subjektivität promoviert und beschäftigt sich gegenwärtig vor allem mit Schöpfungstheologie und Schöpfungsethik.

Forum
Theologische Literaturzeitung, 2

Kurt Nowak

Vernünftiges Christentum?

Über die Erforschung der Aufklärung
in der evangelischen Theologie Deutschlands seit 1945

fadengeheftete Broschur, ca. 100 Seiten mit Abbildungen
ca. DM 24,–
ISBN 3-374-01745-2
erscheint Oktober 1999

Die Studie bietet einen forschungsgeschichtlichen Beitrag zur historischen Ortsbestimmung der Aufklärung des 17./18. Jahrhunderts. Der Prozeß der Aufklärung, in Deutschland von maßgeblichen Theologen und Kirchenmännern mitgetragen und gefördert, verwandelte das Selbstverständnis des Christentums und seine kulturellen Kontexte. Die protestantische Aufklärungsforschung von 1945 bis zur Gegenwart ist ein Schauplatz von strittigen theologischen und historischen Identitäten.

Prof. Dr. Dr. Kurt Nowak ist Ordinarius für Kirchengeschichte an der Theologischen Fakultät der Universität Leipzig und Directeur d'Etudes associé an der Maison des sciences de l'homme (Paris).

EVANGELISCHE VERLAGSANSTALT
LEIPZIG
Burgstraße 1-5 •D-04109 Leipzig
www.eva-leipzig.de

Theologische Literaturzeitung

**Monatsschrift für das gesamte Gebiet der Theologie
und Religionswissenschaft**

**Herausgegeben von Hans Weder
in Verbindung mit Christian Grethlein, Traugott Holtz, Jörg Jeremias,
Ulrich Kühn, Kurt Nowak, Martin Petzoldt, Reinhart Staats,
Theo Sundermeier und Eberhard Winkler**

In ihrem nunmehr 124. Erscheinungsjahr ist die „Theologische Literaturzeitung" die älteste und mit 100 Spalten pro Ausgabe auch die umfangreichste deutschsprachige Rezensionszeitschrift für Theologie und Religionswissenschaft. Nahazu alle wichtigen theologischen Publikationen des deutschsprachigen Raumes, aber auch fremdsprachige Werke, besonders aus dem anglo-amerikanischen und skandinavischen Bereich, werden von Fachwissenschftlern besprochen. Zudem enthält jedes Heft einen Leitaufsatz, Zeitschriften und Titelschauen, Fakultätsnachrichten und Ausschreibungen.

www.thlz.com
Die Internetausgabe der ThLZ enthält neben dem laufenden Jahrgang den Volltext der Jahre 1996 bis 1998. Die Beiträge sind nach Fachbereichen, Autor bzw. Herausgeber, Titel und Untertitel sowie Verlag recherchierbar. Die Digitalisierung des gesamten Registerbestandes ist in Arbeit.

EVANGELISCHE VERLAGSANSTALT
Burgstraße 1-5, D-04105 Leipzig
Tel.: +49 (0) 341/7 11 41 14 • redaktion@thlz.com

Review of Theological Literature

Consultant Editor: Alexander J. M. Wedderburn
Executive Editor: David E. Orton

Seit 1999 erscheinen bei Deo Publishing in einer Vierteljahresschrift ausgewählte Beiträge der „Theologischen Literaturzeitung" in englischer Übersetzung. Ziel der neuen Zeitschrift ist es, englischsprachige und kontinentaleuropäische wissenschaftliche Theologie stärker miteinander zu verbinden.
"The *Theologische Literaturzeitung* is one of the giants of the scholarly theological world, in its magisterial surveys and its extensive reviews. To have an edition of it in English will represent a considerable breakthrough in the English-speaking world; it is hard to understand why such a projekt has not been attempted before." (Emeritus Professor John W. Rogerson, University of Sheffield)

Deo Publishing
Scholeksterstraat 16, NL-2352 EE Leiderdorp
Tel.: +31 (0) 71 5418528 • deorton@compuserve.com

Theologischer Handkommentar zum Neuen Testament

Herausgegeben von Joachim Rohde, Udo Schnelle und Christian Wolff